全臺寵物
友善空間
70 選

帶毛小孩
吃喝玩樂

文・攝影 ★ **黃瑋婷 Claire**

「Claire 妞・Tila 麻」人氣部落客

目 錄

只想和你在一起

「麻麻！今天要去哪玩？」

嗨！我是 Tila，我今年要 12 歲啦！雖然沒出國過，但整個臺灣也快吃喝玩樂跑透透哩！因為我有個離不開我的麻麻，去哪都想要帶著我。

記不清楚是從什麼時候開始，麻麻週末很愛帶我出去玩耍，我覺得她是想要彌補我平日一個人在家的孤單生活。我都會乖乖待在家，早晨坐在門口雙眼癡癡地目送麻麻出門，因為我知道麻麻是要賺我的伙食費，但「好想跟你一起出門唷！」我心裡總這樣想。

只要能跟麻麻在一起，就是我最開心的事情，相信麻麻也感應到了，從日常簡單出門散散步，到麻麻吃飯的時候也會把我帶著、出遊的時候也找我能去的地方，我就更加確信我們真的有心電感應「只想和你在一起」。不論吃喝玩樂我總能一直跟在麻麻的身邊！

肚子餓了，麻麻會幫我找毛小孩能吃飯的餐廳；夏天想玩水，麻麻會帶我去游泳；玩累了，

也能安心跟麻麻睡在同一個空間；想跟其他毛小孩互動，麻麻會帶我去寵物公園！原來我有那麼多地方可以去，有這麼多地方可以跟麻麻一起感受！

其實，毛小孩的生活沒有那麼受限，我們都可以和心愛的人去很多地方。這些我曾經去過的地方，有著我和麻麻快樂開心的回憶！現在也分享給你們。也希望你們可以帶著毛小孩一起出門創造開心的故事，讓你們的毛小孩像我這樣，玩得累累睡到翻白眼兼吐小舌頭才不枉狗生啊！汪！

🐾 Tila 妞

帶毛小孩吃喝玩樂，不再吃閉門羹

帶毛小孩吃喝玩樂！是我最喜歡的事情，平常總容易被工作或課業綁著，但絕對要抽出時間帶著 Tila 妞四處走走，當發現寵物友善資訊時，總習慣記錄起來分享給大家，而我也是個愛品嚐美食的女生，能帶著毛小孩一起大啖美食與體驗臺灣各地風情是再幸福不過的一件事情啦！

在這一年多來全臺跑透透，統整 70 選寵物友善空間資訊，結合了寵物友善餐廳、民宿、景點、公園！這過程充滿歡笑與努力，出發前資訊的蒐集、出遊時可能遇上的突發狀況，正也因為親自去過所以更能以自身的角度分享，篩選精挑出真正寵物友善的環境！

而今這本書能順利出版，家庭的每一個成員都是不可或缺的角色，謝謝另一半總是抽空帶我和 Tila 妞到處玩，身兼司機還有攝影師！毛小孩 Tila 是最稱職的小 Model，在這些寵物友善空間內留下最可愛的身影！還有當初鼓勵我將這些部落格文章記錄出版的王國華主編。

身邊多了毛小孩陪伴後，就如踏上奇幻旅程般，會因為毛小孩的存在做出許多改變，多的是幸福歡笑的回憶，互相陪伴旅遊的過程，也讓我學會用毛小孩的視角來看世界！

願這本書帶給擁有毛孩子的家庭更多出遊與用餐的選擇。

做個稱職的毛家長

帶寵物出遊小撇步

有毛小孩的你們，是否和我一樣，去哪兒都希望能帶著毛小孩同行？

我會為了毛孩規劃適合的行程，讓用餐與出遊都能更加盡興！

就讓本書帶領著你，從日常三餐開始，找間寵物友善餐廳帶毛小孩一起用餐吧！喜歡跑跑的毛小孩，也能參考精選的寵物友善景點，不論是專為寵物打造的運動公園或者是私人營業的寵物遊樂園，都適合帶毛小孩去活動活動筋骨！在出遊之前，有幾個小撇步可預先準備，讓旅程更加順利，讓你再也不會手忙腳亂，只留下滿滿的美好回憶喔！

一、觀察留意毛小孩的身體狀況

出遊前觀察毛小孩，如果有身體不舒服，例如：近期內有拉肚子的情況、精神不濟、生理期報到、剛打完預防針無精打采……等情況，都不適合出遊，還是乖乖去找醫生叔叔阿姨比較適合喔！

二、決定旅遊目的地

不管你今天想要去寵物餐廳用餐、戶外玩耍或是有個過夜小旅行……

不同的出遊方案多少都會影響到你需要準備的東西，還有事前規劃的作業。

有兩個重點中的重點，一定要記得：
1. 住宿一定要先訂房，告知有帶毛小孩。
2. 用餐預先訂位也確保不撲空。

三、怎麼去？交通工具有哪些？

最方便的當然就是自己開車啦！但不是每個人都方便開車或騎車，這時候搭乘大眾運輸工具就不失為一個好選擇，記得留意毛小孩搭各種交通工具，寵物箱（寵物車）的體積與注意事項。

種類	體積	件數	注意事項
臺北市公車	寵物箱、寵物車體積不得超過長 55 公分、寬 45 公分、高 40 公分。	1件	應就近置放身邊妥慎照顧，不得放置於座位或行李架或車廂通道。
臺北捷運	應裝於尺寸不超過長 55 公分、寬 45 公分、高 40 公分之寵物箱、寵物車（僅計算本體尺寸，不含支架及輪子）、小籠內。	1件	包裝完固，無糞便、液體漏出之虞，動物之頭、尾及四肢均不得露出。
高雄捷運	攜帶動物進入站區或車廂，除寵物推車外，應依前項尺寸規定安置於寵物箱、袋或籠內。動物之頭、尾、四肢不可外露，並需包裝完固，無糞便、液體漏出之虞。		
台鐵	寵物箱尺寸：長 43 公分、寬 32 公分、高 31 公分以下，包裝完固無糞便漏出之虞，並放置於座位下方空間。	1件	旅客攜帶寵物隨乘應自負保管之責，避免寵物叫聲影響車廂安寧，並禮讓進出動線，以免妨礙其他旅客。
高鐵	完固包裝於長、寬、高尺寸小於 55 公分 、45 公分、38 公分之容器內，無糞便、液體漏出之虞。	1件	乘車期間旅客除不得將動物放出容器外，裝有動物的容器不得放置於座椅、餐桌、座位上方行李架或車廂內行李置放區，並需置放於本身座位前方自行照料。

※ 臺北市目前有狗狗友善公車，不需關籠或提袋，可上臺北市動物保護處官網查詢相關路線。

四、還有那些需要留意的？

出遊總要準備一些備案，有可能到了現場「Oops！這地方已經不是寵物友善空間了！」難道就要因為這樣壞了一整天出遊好心情嗎？

只要口袋裡事先備好其他候選名單，或者是參考本書，當有小插曲發生時，便可立馬轉往下一個地點囉！

如果是出遊、過夜，事先找好當地附近的動物醫院也是很重要的啦！不怕一萬只怕萬一，多準備是好事，總比毛孩需要醫院時心急如焚、遍尋不著的好，全臺動物醫院資訊可以上 Right Pet 流浪孤狗網站查詢（網址 https://right-pet.cc/hospital.php）。

五、出門準備物品清單

帶毛小孩出門就跟帶小 Baby 出門一樣，要帶的東西也不少，只不過人家是媽媽包，我們則是毛寶包囉！

以下是我與 Tila 平常出遊準備的基本物品清單，當然你們也可以依照自己的需求來增加：

1. □ 寵物專用寵物袋或推車
2. □ 尿布、禮貌帶 / 生理褲
3. □ 牽繩和項圈（包含狗狗名稱吊牌與狂犬病疫苗吊牌）
4. □ 飼料、碗、礦泉水
5. □ 拾便袋
6. □ 寵物用藥物：擦傷小藥膏、日常用藥
7. □ 毛小孩最愛的玩具
8. □ 會令毛小孩眼睛發亮的零食（拍照時必備）
9. □ 其他（毛巾、寵物床等過夜用品）

乖巧的毛孩人人愛

寵物友善空間公約

　　帶毛小孩出去，當一個有公德心的家長，照顧好自己的毛小孩，也是很重要的唷！相對的，有同理心、不製造髒亂、毛小孩不亂吠叫，並遵守以下寵物友善空間公約的家長，也將使得更多餐廳、民宿、空間願意接納毛小孩。

　　讓我們一起努力，發揮正向的力量，為毛小孩創造更多寵物友善空間吧！

寵物友善餐廳公約

1. 用餐前先訂位，告知寵物品種大小，以便店家安排適合座位。
2. 好毛孩不上桌，並遵守各家餐廳的規定。（有些餐廳毛小孩可落地、可不需裝籠或提袋，但仍建議自備推車、提袋與寵物坐墊毯子）
3. 好毛孩不隨意於室內便溺。
4. 好毛孩不啃咬破壞餐廳內物品。
5. 好毛孩不跟家長共用餐廳的餐具。
6. 好毛孩不亂吠叫，不影響其他用餐客人。
7. 毛女孩如果發情期會穿上生理褲，毛男孩穿著禮貌帶。
8. 好毛孩在公共空間不亂跑，使用牽繩更安全。

寵物友善民宿公約

1. 好毛孩不上床，遵守民宿規定。（外宿時幫毛小孩準備自己的小床）
2. 好毛孩不隨意於房內便溺。
3. 好毛孩不在室內吹毛或剪指甲。
4. 好家長不使用民宿的毛巾擦拭毛孩。
5. 好家長不留毛孩單獨在房內。
6. 好毛孩不恣意吠叫。
7. 好毛孩不啃咬民宿內的家具或其他物品。
8. 好毛孩於公共空間不亂跑，使用牽繩更安全。

寵物友善空間

北臺灣

臺北市
新北市
桃園市
苗栗縣

兜味 Doorway Cafe
迪化街的懷舊時光

大稻埕迪化老街，除了霞海城隍廟，在這個百年歷史的迪化商圈內，也多了不少充滿文青風、懷舊古樸的小店。

兜味位在安西街上，靠近大稻埕公園，門口是舊時風格設計的拉門，真的好有古厝感啊！暖色的燈光透著暈黃，增添許多懷舊氛圍，牆上可以見到好多狗狗和貓咪的照片。

店內也有販售一些文創商品，如果毛小孩有需要穿尿布或禮貌帶，兜味都有提供喔！使用者付費！

兜味咖啡，集合我心中的咖啡廳必備條件→不限時間、提供 Wi-Fi、更是寵物友善空間，是一個可以帶著毛小孩喝咖啡、吃甜點度過優閒午後的好地方。

下午茶與寵物餐

兜味的餐點命名都蠻有特色！像是「幸福法國佬」「太陽出來了」等等，除了搭配飲品的下午茶小點心外，也有像咖哩飯這樣的正餐選擇喔！

兜味的寵物餐是使用知名寵物健康食品品牌「輕寵食」製作而成！價格約100 元左右。

1 店門口
2 吧檯空間

兜味 , doorway Cafe

📍 臺北市大同區安西街 36 號

📞 (02) 2557 3169

🚌 捷運大橋頭站 1 號出口，往延平北路二段方向遇台新銀行右轉，經佳興魚丸直走

💻 https://www.facebook.com/2013doorwaycafe/

1 寵物公約
2 牆上許多愛貓寫真
3 狗狗乖乖在袋子裡或自備寵物墊
　可以上沙發
4 像是藏寶箱的桌子
5 好想吃！

華山公園狗活動區
可以不繫牽繩，讓毛孩盡情奔跑的寵物公園

住在城市裡的毛小孩，想要盡情奔跑很容易受到限制，就在 2016 年底，臺北市第二座狗狗公園誕生啦！

一般公園可以溜毛小孩，但為了保護毛孩與他人，都需要繫緊牽繩，以致於毛小孩無法脫韁野馬般狂奔！但來到狗狗運動公園，就可以享受免繫鍊又安全的自由活動空間，是不是很完美？！

華山公園狗活動區是目前雙北市狗公園中，交通最方便的唷！從善導寺站走過去只需大約五分鐘路程。

遮陽處不多，建議在早上或午後前往

華山公園狗活動區位於市民大道與林森北路交叉口，分為 10 公斤以上的大狗區與 9 公斤以下小狗區，分別占地 492.48 平方公尺與 324 平方公尺，加起來比兩個全場籃球場還大！

公園內有提供拾便袋與垃圾桶，並設有長椅。華山公園內的寵物設施比較少，簡單來說它就是一個草園區，讓毛小孩子可以盡情奔跑，但因為較少遮陽物，建議在早上或午後前往比較適合唷！

讓毛孩認識新朋友的好地方

狗狗公園適合讓毛孩子們學習社交能力，跟毛小孩們友善地互動玩耍，也能讓毛孩子消耗體力啊！

或者是用隨手撿拾的樹枝玩著你丟我撿的遊戲也不錯，華山狗公園靠近華山藝文區，運動後還能到華山藝文中心逛逛呢！

1 一大早的華山公園被我和 Tila 包場啦
2 在大片草原中的狗公園

華山公園狗活動區
📍 臺北市中正區林森北路 28 號
🚇 捷運善導寺站 1 號出口，步行約五分鐘

1 大型犬區
2 一旁的大樹幫忙擋去不少太陽
3 跑累了就趴在草地上歇息
4 小型犬區
5 垃圾桶與拾便袋，記得隨手清狗便喔

Yoh 曜日義式餐酒館

毛小孩專屬玻璃屋夢幻包廂

位在臺北大安區的 Yoh 曜日義式餐酒館，不僅提供義式料理，更發揮創意將台式料理與其混搭，是一間非常有想法的特色餐酒館。

靠近大安站 6 號出口步行約十分鐘，適合下班小酌、慶生聚餐、情侶約會。不僅如此，曜日還是一間寵物友善餐廳唷！

餐廳環境以簡約的水泥粉光呈現，灰色調搭配沈穩的大理石餐桌與吧檯，吧檯後方是料理空間，透過玻璃也能看到主廚製餐的過程。

用餐氣氛佳！也能包場

包廂區的設計，貼心區隔不同需求的用餐族群，基本上有寵物都會安排在小包廂，這樣也就不會影響到其他外面用餐的客人啦！

毛小孩在包廂，可以落地，很自在！我們一進到包廂，店員就很貼心的送上狗狗水碗。包廂最多可以容納 8 ～ 10 人左右，而如果想要不被打擾的空間，也能包場喔！基本包場費是 4500 元，可以全額折抵消費！（※ 實際金額以店家為主）

精緻美味餐點

想帶狗狗一起吃大餐嗎？餐廳有提供毛小孩餐點，還有多款特色調酒，上桌時令人驚呼的小浮誇！非常適合拍照！

現做的美味料理，而且還擁有很多創意巧思！加入鹹蛋黃的義大利麵、用炒的薯條～從夢幻飲品到特殊調酒通通都有！從開胃菜到主餐與飯後甜點！道道都令人驚艷。

寵物餐目前有雞肉蔬菜白醬蝴蝶麵、蘋果雞肉燉飯、毛小孩番茄炒蛋 3 種選擇！

1 曜日大門
2 臺北市寵物
　友善空間

Yoh 曜日義式餐酒館

📍 臺北市大安區東豐街 53 號 1 樓
📞 (02) 2708 5910
🚌 捷運信義大安站 6 號出口，步行約十分鐘
💻 https://www.facebook.com/yoh.taipei

1 毛小孩專屬包廂
2 店狗：可愛的 BUBU
3 餐廳另外一個包廂
4 想吃啊
5 精緻美味的餐點

F&F 仁愛·輕概念食飲
用料實在、價格友善的美味餐點

F&F 仁愛·輕概念食飲位於大安區巷弄間，舒適的寵物友善用餐空間，每個角落獨有特色，你可以在落地窗沙發區享受到暖暖的陽光。而店外種植的香草農場更直接運用在餐點中呦！

在這邊，你不會吃到冷凍外帶餐、沒有食品料理包，F&F 堅持手作，慢磨烹煮的醬料與高湯，是用料實在、友善價格的高水準餐點！

雖然 F&F 目前沒有提供寵物餐，不過店內清爽的蔬菜藜麥沙拉，也能挑選沒有醬料的部分與毛小孩一起分享唷！

F&F 有規劃不同風格的用餐區，餐廳的角落布置得很溫馨，馬卡龍色系沙發，用盎然的植物取代冰冷的水泥牆，好適合約閨密來這裡聊一整個下午！

F&F 肚字輩的毛小孩

F&F 品牌創辦人也都很喜歡小動物們，店內有救援回來的兔兔—肚咕，毛澎澎的肚咕，因為曾經受到虐待所以容易怕生，想要摸摸可以找店犬—肚臍！牠超愛撒嬌，平常如果肚臍在店內，都會跑去找客人討摸肚肚呢！

螞蟻人不能錯過的甜點

荷蘭鬆餅簡單使用蛋、麵粉、糖和牛奶的精準比例，放入鐵鍋內烘烤，同時享受到鬆餅外層金黃酥香，再來是海綿蛋糕的鬆軟口感，而中心卻又軟嫩綿密像布丁！

香草冰淇淋底下是隨著季節變換的新鮮水果薄片，淋上楓糖漿，嘗上一口美好的甜甜滋味，下午茶就該是如此啊！

舒服的用餐角落，是少女們會喜歡的馬卡龍粉粉配色

F&F 仁愛·輕概念食飲 / Five & Fantast RenAi Dining Ideas

📍 臺北市大安區仁愛路四段 300 巷 20 弄 17 號
📞 (02) 2755 1011
🚇 捷運信義安和站 1 號出口，步行五分鐘
💻 https://www.facebook.com/fnfrenai

1 店門口處明亮的沙發用餐區
2 滿滿一桌，快樂的下午茶時光
3 與店狗互動
4 現打果汁有著特別的名字：前男友與前女
　友
5 彩繪門板隔起來就是小空間包場區

舒服生活 Truffles Living
和毛小孩一起穿越時光

想要帶著毛小孩舒服愜意地窩在古董傢俱店裡，那麼我相信「舒服生活 Truffles Living」就是你的首選啦！

位於大安區，靠近捷運信義安和站的舒服生活，收藏了許多歐洲老件、古董傢俱，有著工業風格的裝潢與百坪挑高寬敞的空間，不論白天或夜晚到訪，都有不同的風味。

店內展示著荷蘭古董沙發、火車棧板桌、二戰劇院椅、百年歐洲地磚……等等，幾乎都是可販售的唷！

等待上餐的時間在舒服生活裡晃晃，古董打字機、古董冰箱，變成裝飾擺設又是不同風味，每個角落的桌子都像是有它的故事般，等著你去感受……帶狗狗一同前往，感受被古董傢俱環繞的氛圍吧！

目前尚未供應寵物餐點

舒服生活提供早午餐與各類輕食，還有咖啡等飲品，目前尚未供應寵物餐點喔！到了夜晚，舒服生活會變成小酒吧，能讓你小酌一杯呢！

吃飽後去附近的平安公園散散步

而舒服生活附近有個迷你的平安公園，吃飽也能帶毛孩去那兒散散步，或者是走在敦化南路的欒樹道上也挺愜意的。

快找一天和毛小孩一起悠遊在老時光的舒服生活裡吧！

1 斑駁鐵椅背後的故事是什麼呢？
2 舒服生活大門

舒服生活 Truffles Living
- 臺北市大安區文昌街 66 號
- (02)2708 8380
- 捷運信義安和站 2 號出口，步行五分鐘
- https://www.facebook.com/TrufflesLiving/

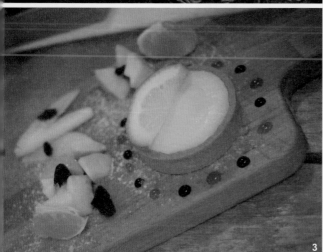

1 吧區有各式調酒
2 狗狗乖乖有禮貌是可以落地的唷
3 美味的檸檬塔
4 只能看卻吃不到的哀怨眼神
5 古董冰箱
6 打字機

動物園野餐咖啡 Zoo Café

動物園裡的野餐「食」光

在臺北市東區逛到腳痠了，想找個地方和毛小孩休息一下……快來動物園野餐咖啡，和餐廳內滿滿的動物們一起用餐吧！

不收服務費，設有愛心捐款箱，喜歡動物園野餐咖啡的服務都可以給予讚賞唷！他們會固定捐款給流浪動物團體。

動物園當然有「毛孩餐」

動物園野餐咖啡有各類輕食、早午餐、薄皮 Pizza 更是美味，大家可以點一份吃吃看唷！

也有供應狗狗餐點，像是牛肉蔬菜馬鈴薯泥、雞肉蔬食飯、雞肉紅蘿蔔地瓜泥，每個組合都很健康！

幫 Tila 點了牛肉蔬菜馬鈴薯泥，是兩個愛心呢！也有針對季節(粽子、月餅、聖誕餐、年菜)推出的寵物餐唷！

吃飽可以帶毛孩去國父紀念館走走

餐廳設有兩個沙發區，其他是座椅區，如果想要坐沙發區也能在訂位時先告知，不然就是用餐時碰碰運氣啦！

餐廳接待的狗狗並沒有特別限制體型，但主人們也要有最基本的公德心，遵守餐廳公約喔！

動物園野餐咖啡離國父紀念館很近，用餐後也能帶毛小孩去國父紀念館走走。

門口充滿綠意的草皮

動物園野餐咖啡 Zoo Café

📍 臺北市大安區仁愛路四段 345 巷 5 弄 15 號

📞 (02) 2721 9322

🚌 國父紀念館站 2 號出口，步行五分鐘

💻 https://www.facebook.com/zoocafe27219322/

1 牆上有好多動物頭像，所以是動物園啊
2 杯子也是動物圖案呢
3 狗狗有專屬餐具
4 一起坐沙發享受餐點吧
5 店狗們與寵物公約

Toasteria Cafe
地中海風味料理

美式料理吃膩了嗎？Toasteria Cafe 的經典地中海風味料理能帶給味蕾不同的體驗，可別誤會它是間吃吐司的店喔！

Toasteria Cafe 有東區敦南店和東門永康店，都是寵物友善餐廳，歡迎帶狗狗一起用餐，餐廳還會招待毛小孩炒蛋唷！訂位時記得先告知有帶毛小孩，會幫你安排適合的座位唷！毛小孩可落地，但不能隨意亂跑打擾其他客人，至於寵物袋或寵物箱可以放在椅子上。

地中海風格料理，獨具特色風味

吐司利亞沙拉 Toasteria Salad，搭配一片烤麵包與牛舌餅，牛舌餅可以捏碎撒在沙拉中，口感很棒唷！這道沙拉加了熟食炒菇和甜椒，不會整道菜都冷冷的！刨絲的帕馬森起司化於口中真是讓我意猶未盡！

夏卡蘇卡 Shakshuka Classic，這道屬於以色列人的傳統早餐，以番茄和洋蔥熬煮為摩洛哥式紅醬，再打入兩顆雞蛋，用小鐵鍋上桌，不喜歡太生的人可以先將蛋攪散，讓鐵鍋的餘溫煮熟蛋液。

中東胡姆斯搭配皮塔餅，胡姆斯 (hummus) 簡單說就是鷹嘴豆泥搭配其他調味料與橄欖油而成。鷹嘴豆泥很清爽，可以夾入皮塔餅後再加上夏卡蘇卡一起混合著吃！

烤佛卡夏三明治（費城牛肉口味），將牛肉片與洋蔥甜椒一起拌炒。搭配切達起司，用佛卡夏麵包夾起來，大口咬下酥軟的佛卡夏麵包、軟嫩牛肉與滿出來的肉汁起司，超好吃的啊！

酒香提拉米蘇是使用馬茲卡彭起司、雞蛋黃、手指餅乾、濃縮咖啡與白蘭地製成。當初因為超愛提拉米蘇，所以 Tila 才會叫 Tila，但 Tila 卻沒辦法吃提拉米蘇，是因為這樣所以才一臉哀怨的嗎？

Toasteria Cafe

📍 台北市大安區信義路二段 200 號

🚇 東門捷運站 5 號出口，步行一分鐘

📞 （02）2321 0073

💻 https://www.toasteriacafe.com/

迎風狗運動公園
毛小孩的社交天堂

臺北市第一座狗狗公園就是迎風狗運動公園啦！我都稱迎風為「狗狗的社交天堂」，因為每次去迎風一定會有很多毛小孩，絕對不會有孤單的感覺！

而且迎風狗公園總面積達 1 公頃，大狗活動區（面積 0.6 公頃）、小狗活動區（面積 0.4 公頃）真的是超大啊！

多樣豐富的毛孩遊戲設施

進入公園前會有兩道閘門，這可是為了避免毛孩在開門的瞬間就衝出外面亂跑的設計呢！

經過重新整修後，公園內的設施新增許多樣，像是攀爬板、迷你隧道、遮陽棚、休息桌椅、洗手足臺、狗便垃圾桶、狗便袋等等，毛小孩在這邊除了開心跑跑外，也能做些小訓練的遊戲。

汪星人的互動交流時間

來到狗狗公園，基本的

禮儀一定要有喔！像是毛孩必須事先施打過疫苗、且本身無傳染性的疾病，這樣毛孩們玩在一起才能開心自在。

如果毛孩有不聽指令、攻擊或互咬情形，家長們一定要馬上將毛孩們分開、並立即繫上牽繩牽離園區唷！

1 超大的迎風公園
2 狗狗互動時間

📍 迎風河濱公園金泰段

🚌 由民權大橋下塔悠路端，朝撫遠街向北行駛，右轉由基 6 號水門進入迎風河濱公園，入水門後左轉後，沿堤邊道路行駛到底約 1 公里即可到達。

1 狗狗小隧道
2 小型犬區
3 大型犬區
4 遮陽棚、洗手足臺、
　狗便垃圾桶等等
5 有眉毛的帥柯基
6 跑累了就放空休息
　一下

A.K.12 美式小館

西門町內 hen 啾西的巧克力漢堡

熱鬧的西門町是國外觀光客熱衷前往的商圈之一，A.K.12 有豐富多樣的美式料理，尤其那多汁的漢堡肉排搭上特製巧克力漢堡包，烘烤後巧克力豆融化，麵包咬起來更有濃濃的巧克力香啊！（在此也要提醒大家，巧克力內的可可鹼成分會傷害狗狗的中樞神經系統，狗狗是不能吃的唷！）

A.K.12 也提供各種特色調酒與飲品，個人推薦由香蕉與芭樂組合而成的香芭佬冰沙，還加上了梅漬番茄與台式甘梅粉，喝起來格外爽口。

想要來點特別的嗎？AK12 也提供無國界料理的菜色，像是紹興豬肉法式達，夠不一樣了吧！！由紹興酒醃製而成的鹹豬肉、搭配風味薑黃飯與鮮蔬！還有酸奶醬、酪梨醬、莎莎醬、韓式泡菜！不同滋味的醬料，攪拌在一起混搭出新滋味！

滿滿肉肉的寵物餐

老闆秉持著一份「要給毛小孩吃最好」的心，準備了全部都是肉肉的寵物餐，有雞肉與牛肉選擇，都是純肉唷！而餐廳服務生也對毛小孩很友善喔！

有機會巧遇可愛的毛朋友

來到寵物友善餐廳最期待的就是看到其他毛小孩，毛家長能盡情地享受每份餐點，毛小孩陪伴在身邊又有東西吃～超幸福的啦！下次來西門町逛街，也帶著狗狗一起順路去 A.K.12 美式小館用餐吧！

假日還蠻容易客滿的，建議可以先打電話預約訂位唷

A.K.12 美式小館

📍 臺北市萬華區峨嵋街 12 號 2 樓
📞 (02)2361-0136
🚌 靠近西門町捷運站 6 號出口
💻 https://www.facebook.com/2015ak12/

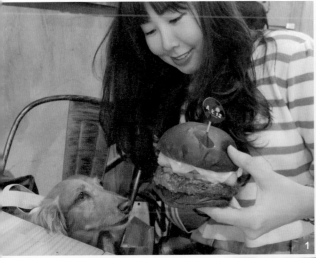

1 熱量破表但美味度很值得的起司四重奏漢堡
2 紹興豬肉法式達想怎麼包就怎麼包
3 綜合寶貝餐，有雞肉與牛肉，滿滿的鮮食肉
　塊，給毛小孩大大滿足
4 一次吃整盤太多，要一塊塊分著吃

大毛屋涮涮鍋

免費寵物餐—涮肉肉吃到飽 !!!

狗狗也能火鍋吃到飽！？來信義區的大毛屋涮涮鍋就對啦！來店的毛小孩都享有寵物餐吃到飽，而大毛屋選用美福的高品質肉品，菜盤也很豐盛，可以說是超越五星級飯店食材的平價涮涮鍋，重點是還不收服務費唷！

很多人都會帶毛小孩一起用餐！當天就看到超多可愛的狗狗，而店裡很乾淨，也不會有狗味唷！硬要說～就只有香香的火鍋味啦！

店內大約 30 幾個座位，建議大家用餐前可以先訂位，星期六晚餐時段用餐生意真的很好，沒先訂位的都要等啊！

標準型貴賓店狗－古荳

不少人來到大毛屋用餐都是為了見到可愛的店狗大型紅貴賓古荳唷！！大毛屋真的是很寵物友善的火鍋店，狗狗都可以落地！老闆娘本身也很有愛心，領養了許多毛小孩。

毛小孩專屬雞肉片

先送上桌的是毛小孩的雞肉片，並且提供清水燙肉片！寵物餐無限供應，但狗狗也別吃太多！拉肚肚就不好啦！

美味火鍋

豐盛菜盤，還有附上大蛤蠣和一隻蝦！簡單不多加調味的湯頭，煮什麼都能輕鬆帶出食材的原味。

喜歡毛小孩的人來到大毛屋涮涮鍋一定都會很開心，肉品好吃！生菜也新鮮，重點是可以帶心愛的毛小孩一起！毛小孩也可以享受雞肉片～多棒啊！

1、2 店門口

大毛屋涮涮鍋

📍 臺北市信義區光復南路 431 號

📞 (02) 2758 7878

💻 https://www.facebook.com/DaMao2016/

1 巔峰時間用餐建議先預約唷
2 古荳真的很大一隻！毛澎
  澎～好似棉花糖
3 吃不夠都可以再點唷
4 海鮮盤看起來好厲害啊
5 菜盤
6 肉片的量也是不少

至善公園（福林）狗狗活動區

臺北市 士林區

臺北市首座木造狗狗公園

　　士林寵物公園就在前往故宮路上的至善公園內，是專屬於毛小孩的狗狗活動區寵物友善空間！更是臺北市首座木造狗狗公園。

　　初次到訪這個寵物公園時，就覺得它跟其他寵物公園不一樣，園區內的狗狗遊樂設施可能沒有其他寵物公園多，但是至善公園（福林狗狗活動區）是使用太平洋鐵木製作圍籬，木造圍籬風格與整個充滿樹林山水的公園環境互相融合！超美的啊～

充滿自然綠意的寵物公園

　　狗狗活動區總面積 498 平方公尺，是大小狗不分區共同使用的狗狗活動區，內有休憩座椅、狗便袋、洗手足臺而且也有遮陽空間，整個空間都蠻乾淨的。整個至善公園其實很大，帶毛小孩來這兒玩耍，跑累了也可以牽繩到公園裡散散步唷！

至善公園（福林）狗狗活動區

📍 士林區福林里至善公園內（至善公園停車場往至善路二段方向步行約 80 公尺）

1 柵門開啟方式是比較輕鬆簡便的
2 狗便袋與垃圾桶
3 待在遮陽棚內看毛小孩玩耍也是挺愜意的
4 洗手足臺
5 繫上牽繩到至善公園內走走

PS BUBU 金屋藏車食堂

經典偶像劇《流星花園》拍攝場景之一

士林天母地區的 PS BUBU 金屋藏車食堂，提供美式料理還有手作蛋糕，更是寵物友善餐廳！開幕至今將近 20 年，最新版菜單還有毛小孩寵物餐，超棒的！經典偶像劇《流星花園》也曾在這邊取景唷！

坐在車內吃美食‼

粉紅色小車車就在店內，一直都是預約座位的大熱門！如果想要在車內用餐，記得先電話預約唷！

在可愛的迷你奧斯丁（Austin Mini）內吃飯特別有趣啊！PS BUBU 是間非常寵物友善的餐廳，毛小孩也可以坐沙發呢！公狗進店裡記得加上禮貌帶，友善寵物的環境，我們一起來維護。

營養師規劃的毛孩餐點

毛小孩的餐點就有三種選擇，老闆特別請營養師規劃寵物餐的食譜，可不是隨便煮煮的喔！而且份量十足，約是一般中小型犬兩餐的份量呢！

寵物餐都是使用寵物專用的餐具，狗狗可以開心的直接享用唷！

PS BUBU 自有品牌寵物保健食品，分別有超級黑酵母、酵素益生菌，營養品的味道有特別調配，大多數狗狗的反應都不錯。

美式餐點

小木桶盛裝的雞肉沙拉，爽脆的生菜加上凱薩醬！還有嫩嫩的雞胸肉，真的是絕配啊！青醬燉飯則採用了很多海鮮！看得到的鮮蝦、九孔，燉飯中還有干貝絲、魚肉，每口都充滿海味！尤其這青醬好香濃，整盤清空無難度！

炭烤口味 BBQ 風格的豬肋排，吃起來甜甜鹹鹹，刀子一下馬上就骨肉分離！旁邊熱熱的起司和酥鬆薯條搭配在一起，熱量好罪惡……但停不住的手和嘴巴卻很誠實！

店門口

PS BUBU 金屋藏車食堂

📍 臺北市士林區中山北路七段 140 巷 1 號

🚌 捷運石牌站下車，轉搭公車紅 19、601、224，往天母方向，到「天母」站下車，約步行三分鐘

📞 (02) 2876 0698

💻 https://www.facebook.com/PSBUBU/

1 美式料理.

2 店內空間

3 室內光線也很棒唷

4 南瓜牛小排焗通心粉

5 毛小孩一定要跟粉紅
　色小車車合影啊

七星山－夢幻湖步道
帶狗狗登上臺北市第一高峰吧！

目前大多數國家公園都是禁止寵物進入，僅陽明山國家公園可以接受毛小孩使用牽繩或箱籠進入！許多遊客也喜歡帶毛小孩去陽明山的冷水坑和擎天崗，夢幻湖就是一個很適合排入行程的景點唷！一起帶毛孩來挑戰登上臺北市第一高峰吧！

夢幻湖美景

首先從夢幻湖停車場步行至夢幻湖，這段路途約 30 分鐘，登山步道難度不高，可以說是老少閒宜的健行路線，抵達夢幻湖後，便能悠然欣賞這美麗的景致，有時候還有雲霧繚繞，更有夢幻的氛圍唷！

接著繼續挑戰前往七星山主峰，這大約 2 公里多的路程在平地的話，走起來是蠻快的！但因為是爬山，有高低起伏的影響，走起來會辛苦些，小型犬有些比較顛簸的路可能需要抱著！待爬上山頂欣賞到廣闊的美景，就覺得一切都值得啦！

有機會，帶毛小孩爬爬山、感受不一樣的臺灣之美吧！

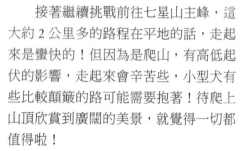

1 眺望臺北盆地
2 走訪夢幻湖與七星山

七星山 - 夢幻湖步道
◆ 七星山位於臺灣北部的陽明山國家公園轄區內

1 這樣拍很有氣勢　　　4 也能享受夢幻湖的美境

2 沿途指標都很清楚　　5 山路走起來還算平穩，可以帶毛小孩來挑戰唷

3 來張夢幻的合照

貳樓餐廳 Second Floor Cafe 西湖店
全臺連鎖寵物友善餐廳

如果你問我：「全臺連鎖的寵物友善餐廳是哪間？」

我一定馬上回答：「貳樓」！

貳樓餐廳在北部、中部與南部都有分店，建議大家要提前訂位，因為用餐時間幾乎都是客滿狀態，而訂位時可先告知會攜帶寵物，貳樓也能為你安排適合的位置！

建議去「非商場型」的貳樓餐廳

如果是前往位在商場內的貳樓餐廳（例如臺北火車站樓上微風美食廣場的貳樓），由於攜帶寵物時可能會經過其他用餐地區，建議放在寵物袋裡(導盲犬除外)，才不會影響到其他餐廳用餐的人喔！或是去非商場型的貳樓餐廳！會比較自在呦！

毛小孩可以享受餐廳招待的「狗狗嫩蛋」

貳樓的餐點提供了早午餐、漢堡、海鮮燉飯、義大利麵……等等的美式餐點，而早午餐多樣化的飲品選擇更是貳樓的一大特色。

毛小孩來到貳樓都可以享受貳樓招待的狗狗嫩蛋，沙發上也會先鋪上墊子，讓狗狗能坐在沙發上，主人們也可以自己準備狗狗的小毯子，而服務生們對狗狗也都很友善，會來關心是否要提供狗狗飲用水等等的。

總之，當你想要吃美式料裡又想帶毛小孩一起的時候，去「貳樓」準沒錯囉！

1 西湖店大門口
2 西湖店離捷運西湖站約五分鐘，餐廳裝潢風格充滿綠意，室內還有棵大樹呢

貳樓餐廳 Second Floor Cafe 西湖店
- 臺北市內湖區內湖路一段 300 號
- (02) 2799-7922
- 捷運西湖站出站步行約五分鐘
- https://www.secondfloorcafe.com/about_a.php

1 一起坐沙發

2 店內空間

3 提供豐盛的早午餐

4 迫不及待想吃

5 等待上餐

象園咖啡 Elephant Garden

內湖熱門的親子寵物友善餐廳

位於碧湖公園旁的象園咖啡營業近十年，一直以來都是內湖熱門的親子寵物友善餐廳，許多餐點都可以看見小象的身影。

菜色很豐富以多國風味佳餚來呈現，現點現做。有早午餐、排餐、燉飯等等選擇。

鄰近碧湖公園，用餐後也很適合去公園散步！室內空間可以帶小型狗，會提供毛小孩專屬小墊子鋪在椅子上，而中大型犬就會安排戶外的用餐區，在戶外也不錯，選對位子就能邊用餐邊欣賞碧湖美景呢！

毛小孩點心

如果帶毛小孩前往，象園咖啡都會招待小份點心唷！

入座時馬上就送上杯水，毛小孩點心是水煮肉片、花椰菜、番茄、蛋白等小鮮食！依時節，內容物可能會有調整，挺健康的搭配，而且也都是狗狗能吃的食材。

1 大門口，入口處有整排的大型象公仔
2 停車方便，用餐折抵停車費，停車卡也是可愛的大象

象園咖啡 Elephant Garden
臺北市內湖區內湖路二段 192 號
(02) 2792 6080
https://www.facebook.com/
elephantgardencafe

1 餐點選擇豐富
2、4 室內空間
3 西部牛仔餐

1 象園提供毛小孩寵物墊
2 兒童遊戲區
3 也適合慶生會活動
4、5 對面就是碧湖公園

龍洞四季灣

全臺唯一寵物海水游泳池

帶狗狗游泳想要嘗試不一樣的環境嗎？

新北市貢寮區的龍洞四季灣，除了有天然海蝕平臺改建而成的「露天海水游泳池」之外，更有引入海水的寵物專用戲水池唷！可以邊玩水邊享受無敵海景！

游泳池每年約在 5 月中旬至 9 月底這段期間開放入場，完全是夏天必去的消暑聖地啊！

寵物海水泳池，只限寵物及飼主進入，水不會太深！約到成人腰部

豐富潮間帶生物

在這也能看許多潮汐間的生物，螃蟹、小魚……等，海水很清澈喲！如果不是很會游泳的話毛小孩也能在這邊踏踏水。

龍洞四季灣的海水泳池與外海相連，由天然海蝕平臺改建而成，一般遊

客在這邊也能體驗浮潛喲！有提供各式裝備租借服務，不論是大人小孩、毛小孩都玩得盡興。

1 寵物專屬游泳池
2 狗狗下水前可以先在沖水區淋溼毛髮，為下水作準備，也能先適應一下水溫

龍洞四季灣

📍 新北市貢寮區和美街 48 號

📞 (02) 2490 1000

💲 全票 120 元 / 每人、優待票 100 元 / 每人、團體票（30 人以上適用）80 元 / 每人、 寵物 80 元 / 每隻

※ 門票資訊僅供參考，實際金額以售票處為主

🖥 http://www.kivano.com.tw/

1 一望無際的海景
2 遊客更衣室
3 你會發現哪些海中生物呢？
4 一起去海邊玩
5 天然海水游泳池

桃源谷賞秋芒

帶毛小孩一起去健行！

桃源谷位於山海交會的山稜之上，擁有一片綿延 3 公里的廣闊草原。坐臥於海拔 500 公尺的草原，可以俯瞰壯闊的太平洋與龜山島。

桃源谷原名「大牛埔」是一片山頂大草原，原是農家牧牛之地！而草原風光與海天麗景相互輝映，宛若世外桃源，故也叫「桃源谷」。

就從單程一公里的內寮線開始

桃源谷主要 4 條進出路線如下：內寮線、草嶺線、大溪線及觀音線，其中以單程約 1 公里的內寮線最平易近人，也是往桃源谷大草原最短的步行路線喲！步道沿線可見舊梯田與牧牛風光。

這邊真的很適合出遊踏青，帶小朋友也 OK！難度輕量級，缺點就是沒什麼遮蔽物，因為這邊風壓強，不適合長大樹，記得做好防曬措施喔！

都市待久了，都會忘記擁抱大自然竟是如此美好，找個好天氣，出門去踏青吧！而且桃源谷步道大致是緩升坡，真的很好走，相信你和毛小孩都可以的！

桃源谷

新北市貢寮區桃源谷

https://www.travel.taipei/zh-tw/attraction/details/135

1 牛檔石！防止牛隻亂
　跑進入
2 秋芒景緻
3 近距離就能看見水牛
4 人腦聖地
5 好適合拍跳躍照
6 芒花紛飛的秋季，來
　趙桃源谷吧

Gooddog 妙狗 寵物游泳池

游泳是狗兒減緩關節壓力的最佳復健運動

位於大臺北地區的新店山區，距離新店捷運站五分鐘車程的 Gooddog 妙狗寵物游泳池，透心涼的池水是引自新店溪的天然山泉水！而且有分深淺兩個泳池，適合不同體型和個性的毛小孩玩耍！

不用擔心毛孩會曬到不舒服的防曬遮陽網

就算是炎炎夏日來到妙狗也不怕，因為泳池的上方都有防曬遮陽網，毛家長和狗狗也不用擔心會曬到通紅啦！可以開心的玩上一整天。

泳池有防滑斜坡步道，讓毛孩方便上下坡

入園後，因為山上小黑蚊比較多，工作人員都會提醒要擦防蚊液（園區提供）。狗兒和主人下去玩水前都要先沖濕身體，避免將髒污或灰塵帶入池中，工作人員也會不定時的清理水池內的毛髮和落葉，所以池水還算乾淨唷！

狗狗下水大約十分鐘就可以上岸休息與上廁所，再繼續下水玩！游泳也是毛孩很棒的減緩關節壓力的復健活動，妙狗的泳池設計了防滑斜坡步道，讓狗兒方便上下坡。

園區內有毛小孩專用毛巾和沐浴用品

深淺水池都有免費提供浮板讓毛小孩使用，如果需要穿救生衣，妙狗也有

救生衣的租借服務唷！園區內有毛小孩專用毛巾和沐浴用品，更有主人更衣淋浴間，全年冷熱水提供，沐浴乳、洗髮精都有（毛巾要自備唷！）

目前妙狗沒有供餐，大家可以自己準備東西野餐唷！來到妙狗，開心玩水、洗個香香再回家，好好睡上一覺，太幸福啦！

1 大門口
2 餐廳內販售泡麵可租借救生衣

Gooddog 妙狗 寵物游泳池

📍 新北市新店區永興路 10-1 號
📞 (02)2666-0178
💲 每人 100 元
　大狗（15 公斤以上）500 元
　小狗（15 公斤以下）300 元
　※ 門票資訊僅供參考，實際金額以售票處為主
🚌 離新店捷運站約五分鐘車程，搭「綠 3」或是「臺北－烏來」的公車在「小粗坑橋站」下車步行一分鐘！
💻 https://www.facebook.com/gooddogcaf

1 下水前先沖涼
2 泳池邊的防滑斜坡步道
3 努力游泳的 Tila 妞
4 游泳完後洗香香
5-8 游累了可以在浮板上休息

金鍋盃 中和店

霸氣海陸鍋～毛小孩也有得吃呦！

連鎖體系的金鍋盃取名就令人覺得很歡樂，好有聖誕節的氛圍！

尤其金鍋盃的霸氣海鮮鍋更是老饕熱門，生猛海鮮與豐盛肉盤的組合，現在吃火鍋已經不侷限冬天啦！一年四季都想吃鍋，將路上走、水裡游的食材通通丟進鍋中，大啖鍋物料理口胃大滿足！

目前金鍋盃有許多分店（位於臺北市、新北市、桃園市等）都是寵物親子友善的用餐空間，想吃火鍋，不用把狗狗單獨留在家！

寵物友善的金鍋盃也有提供狗狗肉盤唷！

只要有帶毛小孩，金鍋盃都會為毛小孩準備唷！除非你家狗狗不愛吃，不然都會有另外用清湯燙的肉塊可以吃，如果毛小孩吃不夠請告知金鍋盃，會再送上肉片，是不是超佛心的！毛小孩吃火鍋好過癮！

金鍋盃的湯底是用白甘蔗、豬骨、蔬果熬煮，再加上玫瑰岩鹽和柴魚調味，不用人工製精粉，整餐吃下來，回家不會口渴！

金鍋盃有特有的倒掛金勾煮蝦法

先煮蝦頭，讓蝦頭完整煮熟，再將蝦子整尾丟入，變通紅就可以取出啦！這樣的煮法讓蝦子不易過老，口感極佳唷！

安格斯無骨牛小排稍微川燙 8 分熟即可，油花均勻，肉質柔嫩！入口即化，充滿幸福感啊！食材好不需要特別沾醬就美味。金鍋盃也有也有素食鍋選擇，基本用餐時間 90 分鐘。

1 大門口
2 店內空間

金鍋盃 中和店

新北市中和區中和路 350 巷 12 號
(02) 2928 9666
www.jinguobei.com.tw

1 滿滿的蛋白質
2 與心愛的毛孩一起吃火鍋
3 牛肉川燙八分熟最好吃
4 倒掛金鉤煮蝦法
5 好多肉肉好滿足

Freaks Café & Bistro 癮客餐酒館
林口旗艦店 義式料理吃到飽

推薦喜歡義式、美式料理的朋友，來癮客餐酒館 Freaks Café & Bistro！多種類選擇的義大利麵、燉飯，還有豐富的炸物拼盤，更有冰淇淋、焦糖布丁點心，任你吃到飽！

招牌很明顯的癮客，寵物友善餐廳字眼也大大秀在上面，如果狗狗有牽繩是可以落地的，但如果想要上沙發或是椅子的話要自備寵物墊，或者是放在寵物袋裡面唷！總之不要大喇喇的直接坐在沙發椅子上啦！餐廳提供友善空間給毛小孩，我們也要維護環境清潔，讓其他客人對毛小孩也有好觀感。

豐富多種類餐點

桌上放有一張點餐卡，勾選好自己想吃的餐點，交給服務生就 OK 啦！主食燉飯麵類的份量大約是一般正常量的二分之一再少一點點，所以可以每種口味都嚐嚐看！當然也不要浪費，能吃多少再點多少 (浪費食物會酌收每個人100 元的費用唷)

用餐的過程中，服務生都會不斷在餐廳內穿梭，提供披薩、炸物、涼拌時蔬等等，直接送到桌邊，問客人有沒有需要！

服務生完全超積極不怕你吃！披薩都是薄片

的，不會太佔肚子空間，每次有新口味的披薩送上來都想吃吃看啊！

也經常有毛主人帶著毛小孩在癮客聚會包場活動，但目前沒有提供寵物餐，毛小孩只能眼巴巴望著主人吃啦！建議可以自行幫狗狗準備一點零食，不然毛小孩沒得吃太寂寞啦！吃飽後，附近有個力行寵物公園，從癮客走過去大約十分鐘，吃得這麼多，當然要散散步運動消化一下啊！

1 大門口
2 店內空間

Freaks Café & Bistro 癮客餐酒館 - 林口旗艦店
📍 新北市林口區仁愛路二段 235-5 號
📞 (02) 2600 8928
💻 https://www.facebook.com/freakscafebistrolk/

1 沙發區好適合包場聚餐
2 吃到飽點餐方式
3 個人大推海膽蘆筍蝦仁義
　大利麵
4 沒得吃很鬱卒
5 義大利麵、燉飯、Pizza
　吃到飽

力行寵物公園

擁有巨型臘腸犬造型的寵物公園

林口的寵物公園就是力行寵物公園啦！這裡很適合帶狗狗來跑跑，四周圍欄，毛小孩能不繫牽繩自在活動。

力行寵物公園就在文化北路一段與民族路交叉口，相較於大多位於空曠地區或河濱狗公園來說，力行寵物公園比較像是社區型的小公園，四周都是大樓，也很方便住戶們蹓狗呢！！

滯洪池改建的寵物公園

力行公園兩側都有設計斜坡走道，方便民眾與毛小孩通行，雙重閘門的設計，也讓狗狗通行時有雙重的保護！

力行寵物公園所在地主要的功用是滯洪池，所以是一個凹陷的地形，若是雨後，公園內的草地不易乾爽，這是令人覺得比較可惜的地方。

但像是小盆地的力行寵物公園，兩側的斜坡也讓毛孩運動時多了些挑戰！大多寵物公園都是平地草皮設計，力行寵物公園可以讓毛小孩滾斜坡呢！

1、2 社區型的寵物公園
3 雙重閘門

力行寵物公園

📍 新北市林口區文化北路一段 526 巷與民族路交叉口

🕐 24 小時開放

1 有不少設施可以訓練狗狗、跟
　狗狗一起玩耍
2 大小型犬共用空間
3 小坡度的拱橋，小型犬也可輕
　鬆上去
4 爬坡小運動
5 公園內還有水龍頭方便清潔
6 拾便袋，隨手清便便當個好主
　人

VEG OUT 寵物耍廢空間 早午餐

適合包場聚餐的寵物友善空間

蘆洲寵物友善餐廳 VEG OUT 耍廢空間！靠近蘆洲捷運站，從蘆堤寵物公園過來騎車也不到五分鐘，提供毛小孩餐點與各式各樣的寵物服裝拍攝道具，也很適合狗狗聚會包場活動。

多種類早午餐選擇，還有起司控最愛的起司料理！份量足，吃得飽飽，VEG OUT 耍廢空間附近也算是方便停車唷！

入座後馬上提供寵物水碗和狗狗尿布墊，如果是公狗要落地記得穿上禮貌帶，母狗就沒這限制了。

店內還提供許多拍照道具，除了人可以戴的帽子外，還有很多狗狗的衣服與變裝道具，在這邊裝扮毛小孩也能玩得很開心！

超彭湃寵物餐

VEG OUT 耍廢空間也提供寵物餐，餐點內容用料豐富，有手打牛肉丸、雞胸肉、紫色地瓜球、花椰菜、紅蘿蔔、狗狗餅乾……肉丸剛蒸好，很燙！給毛小孩吃一定要放涼一點唷！

不僅如此，店家還貼心附上剪刀，可以把餐點都剪小塊後再給毛小孩吃！

1 VEG OUT 大門
2 用餐空間

VEG OUT 寵物耍廢空間 早午餐

📍 新北市蘆洲區光榮路 34 號
📞 (02)8283 6033
💻 https://www.facebook.com/VEGOUT.Brunch

1 二樓空間
2 拍照道具
3 變裝造型來一下，太陽眼鏡
4 可愛的小博美變熊貓啦！
5 正在穿禮貌帶的法鬥大白

057

蘆堤寵物公園
豐富的狗狗玩樂設施

蘆洲的蘆堤寵物公園位於二重疏洪道旁的大台北都會公園內，占地約5200平方公尺，是屬於大型的毛小孩狗公園！

公園旁就是微風運河，整個蘆堤公園很大，有溜冰場和球場，就跟迎風河濱公園的感覺差不多。

蘆堤寵物公園採大小型犬分區的設計，不同體型的狗兒們都可以自在地遊玩！

寬敞的公園內，有翹翹板、樓梯、跳圈圈等，豐富的狗狗玩樂設施，適合各種大小型犬活動，還有大片草地，讓毛小孩盡情奔跑。

公園內還有方便飼主順手清潔的狗便袋與垃圾桶，且有飼主休憩的座椅區。

但是由於幾乎沒有什麼遮蔽物，建議還是避開陽光太強烈的時間來跑跑比較適合，除此之外，也要多多補充水分啊！

蘆堤寵物公園附近有間寵物友善餐廳「VEG OUT 寵物耍廢空間 早午餐」，玩耍過後也適合帶毛小孩去享受狗狗餐。

蘆堤寵物公園
📍 新北市蘆洲區長安街 347 巷 巷口

食。光機 Food Machine
多才多藝的邊境牧羊犬陪你一起吃飯

是什麼料理這麼好吃？讓狗狗也目不轉睛！就在桃園中壢的寵物友善餐廳一食。光機！還有三隻可愛的邊境牧羊犬陪你一起用餐，而且服務生都超親切，我覺得會來這用餐的客人也都是很喜歡狗狗的人，如此一來，毛主人帶寵物也能很自在，最喜歡這樣的餐廳了！

來到這裡一定要認識鎮店四寶：歐弟（Audi）、圓仔花、秋森與白蘭地。我覺得最好分辨的就是歐弟了，因為牠是白底灰色的邊境牧羊犬，而秋森和圓仔花都是白底黑色的，而白蘭地則是白色薩摩犬。

花草風格佈置

食。光機裡面有許多乾燥花擺飾，超適合拍照的呢！擺設幾乎都是出自老闆娘之手，看著桌上的小盆栽和花瓶中的花兒們，真的都有在照顧喔！另外，也可以使用店內提供的節慶小道具，幫狗狗戴上髮飾，變裝一下！

主廚餐點～不用料理包的新鮮美味！

有排餐、義大利麵、薄餅、燉飯，更有推出寵物餐點唷！食。光機的餐點價位都不會很高，而且又不收服務費。像是墨魚燉飯的每顆米粒都被滿滿的墨魚醬包裹著，再加上鮮蝦、蛤蠣，整盤燉飯就充滿個海味啊！

還有將香蕉與巧克力這兩種絕配的食材，用薄餅來呈現的香蕉巧克力薄餅，有餅乾的香脆感！又擁有 pizza 必備的起司，也能沾冰淇淋一起吃唷！

喜歡狗狗但沒有養狗狗的人也很適合到這裡用餐，因為店犬都超可愛也很親人唷！快來食。光機度過你的美味「食」光吧！

食。光機 Food Machine
📍 桃園市中壢區莊敬路 811 巷 1 號
📞 (03) 463 5859
💻 https://www.facebook.com/likefoodmachine

1 食。光機內有許多花草布置
2 鎮店四寶
3 店內空間
4 也有寵物餐喔
5 特色餐點

寒咖啡 Han's Café
刺蝟店長寒吉超可愛

想找桃園中壢不限時咖啡廳，品嘗杯冰滴咖啡也能帶狗狗一起工作，度過周末午後時光，那就來寒咖啡 Han's Café 吧！享受寒老闆的手沖咖啡，還有可愛刺蝟寒吉店長嘍！原本寒咖啡是開在臺北永和，後搬遷至中壢重新開幕！

寒咖啡店內有個大大長桌，偶爾都會有些小課程在這舉辦，也很適合舉辦包場活動呢！可以帶狗狗、沒有用餐時間限制、每人低銷一杯飲品。

每一杯飲品都是由小寒老闆親自沖泡！用心創作出每一杯咖啡的美好，寒咖啡主要提供飲品以及蛋糕、鹹派等輕食。

刺蝟並不好飼養，牠是肉食性動物！想養之前記得要先做好功課唷！也能以領養代替購買，目前許多 FB 刺蝟社團，都有提供領養的資訊！而每一種毛小孩都會有牠可能的基因先天性疾病，當你決定為毛小孩的一生負責前，做個功課，好好了解關於牠的一切吧‼

寒咖啡是一間有提供 Wi-Fi 和插座的寵物友善空間，如果毛孩是公狗有「做記號」的習慣，記得先幫狗狗穿上禮貌帶唷！

店內有手作小卡片，卡片上都有寒吉的刺（刺蝟毛），超特別！就跟狗狗一樣會掉毛的概念，但是寒吉脫落的是刺，好有趣！小寒就把這些刺收集起來，貼在卡片上，來店的客人可以蓋章帶回家作紀念。

1、2 大門口

寒咖啡 Han's Café
📍 桃園市中壢區中正路 302 巷 6 號
📞 (03) 427 7892
💻 https://www.facebook.com/ilovehancafe/

寒咖啡 menu

美式咖啡 80
特調冰滴 130
陽萊拿鐵 120
白鮮蜂蜜柚子茶 100
白爵鮮奶茶 100
巧克力 120
巧克力抹茶 120
減脂 120 蛋糕 70
午茶 200
自帶飲料折 20 元

COLD BEER ON TAP

1

3

4

5

1 咖啡飲品參考
2 室內空間
3 吧台
4 裡面是竹節蟲唷
5 有提供 Wi-Fi 和插座

林可可家的牧場【親子寵物友善餐廳】

擁有室內草皮區，下雨天的好去處！

　　林可可家的牧場主人有兩個兒子＋三隻毛兒子，在 2015 年創造了這個牧場，適合小孩也適合毛小孩用餐，還有一大片草皮可以跑跑，每天打烊後都會刷地板，用克諾敏清潔消毒環境！林可可牧場可以是小朋友們最愛的親子餐廳、毛小孩們歡樂的寵物餐廳！這兩個角色，林可可家的牧場都扮演得很好！

專屬小孩的戶外沙坑，毛小孩禁入

　　沙坑的沙又細又白，小朋友們都玩得超開心，而且還有透明的天窗，下雨天也能玩戶外沙坑喔！這玻璃有貼隔熱保護貼，顏色沒選得太深，這樣陽光才能透進來，有日光的感覺才充滿精神。

超澎湃的寵物餐

　　林可可家的牧場提供多款毛小孩的餐點選擇，從烘乾肉片、料理鮮食到生肉、生羊膝都有！

　　生切生牛肉厚片特餐，是由每塊將近一公分的厚切牛排，搭配上紫米五穀飯、蛋絲與原味時蔬組合而成！另外還有烘烘拼盤，是挑選最好的肉塊，剔除油脂後再烘製，烘出不調味也不會有腥味的肉乾。

　　在這裡，大人毛孩都吃得超好，這都是林可可牧場的精心設計，每道餐點的擺盤、菜色安排都令人「Wow！」

　　快帶小孩與毛孩來到林可可家的牧場，享受豐盛大餐，跑跑廣闊草皮，玩玩沙坑，度過愉快的時光！

林可可家的牧場【親子寵物友善餐廳】

📍 桃園市龍潭區十一份路 196 號

📞 (03) 471 1508

💻 https://www.facebook.com/LinokokRanch/

1 戶外的沙坑
2 寵物用餐區旁有個室內草皮區，坐在
　靠窗旁邊就能看到，如果遇到下雨天，
　毛小孩也能在這裡跑跑
3 寵物鮮食：生切生牛肉厚片特餐
4 毛小孩餐點：烘烘拼盤

1 往戶外大草皮旁邊有間 VIP 包廂，室內約 20
坪，有 120 吋投影設備，戶外則是 VIP 專屬
50 坪草皮
2-4 毛小孩的奔跑空間！ 450 坪大草原
5 毛小孩自助洗

Lidoworld 貓森咖啡

與可愛貓兒來場慵懶下午茶

看到小動物就覺得暖心，喜歡被貓咪包圍的感覺嗎？推薦你位於桃園楊梅東森山林渡假酒店的貓森咖啡！

在溫馨空間、玻璃屋咖啡廳內品味下午茶，還有貓咪作陪！店貓咖啡、太妃糖、瑪芬，你遇見誰？貓森咖啡廳還有賣多肉植物，買盆放辦公室也覺得療癒。

大門兩側分別是貓咪們的休息區，有將公貓母貓分開來照顧唷！貓咪們在店內出場都是做一休一，想要體驗到全部的貓貓坐檯，可以連去兩天。

可以帶自家的毛小孩來貓森，但為了店內貓咪的健康，自己的毛小孩進到店內都要待在寵物籠、寵物包或推車內，不然也是可以安排戶外區的座位，這樣就不用待在籠內，想與店貓互動的話，再進到餐廳內玩耍看看店貓吧！

貓森的拿鐵拉花都會有些變化，我們這杯是兩隻可愛的喵喵，這畫面多美好啊，都捨不得喝掉！也可來杯熱歐蕾，粉嫩嫩的貓掌化身為棉花糖，輕巧停留於上層的奶泡中！

有時候店貓比較怕生，不要太刻意的去靠近牠們，等待貓咪來接近你也是一個方式唷！

Lidoworld 貓森咖啡

📍 桃園市楊梅區東森路 5 號

🚌 衛星導航請設定舊址「桃園縣楊梅市老莊路 526 號」

📞 0800-889-168

💻 https://www.lidoresort.com.tw

1 貓咪休息區
2 棉花糖歐蕾
3 輕食鬆餅
4 店內明亮的空間
5 可愛的店貓

東森山林渡假酒店
定點旅遊住宿好選擇

　　周末度假來到桃園楊梅山林間的東森山林渡假酒店，很適合親子寵物定點旅遊！是可以讓人舒適休憩，充飽電再出發的好選擇。

　　東森山林渡假酒店是一個複合式度假場所，包含麗多花鳥寵物世界、金SPA芳療、寵物運動場、室內泳池與健身房，有各種的DIY活動，搭配一泊三食，還有毛小孩的專屬排餐呢！東森山林餐廳內可以帶狗狗，但只能放在寵物包或推車內唷！或者也可以坐在室外更自在。

寵物友善房型

　　東森山林渡假酒店的寵物友善房型設計，基本都是4人房，所以如果你是兩人入住！一樣會有兩張雙人床或一雙人床搭二單人床的房型唷！寵物客房有15坪，非常寬敞。

　　一進入客房就聞到濃濃的香杉味道，因為整個客房的牆面運用大量香杉，搭配一台空氣清淨機，以致於進到客房也不會覺得有尿騷味！乾乾淨淨的很舒適！

　　建議遊客們可以選擇自己喜歡的行程，如果帶毛小孩想要走戶外就可以去生態步道，想要好好的放鬆身體，那麼就往金SPA館去，幫自己預約舒適的按摩課程囉！

　　東森山林渡假酒店內的活動真的蠻豐富的，除了健身房外，大多都可以帶寵物同行唷！真是太棒了！喜歡毛孩的你就安排個兩天一夜待在東森山林渡假酒店裡吃喝玩樂放鬆一下吧！

東森山林渡假酒店
- 桃園市楊梅區東森路3號
- 衛星導航請設定舊址「桃園縣楊梅市老莊路526號」
- 0800-889-168
- https://www.lidoresort.com.tw

1 房間已經準備了寵物床、寵物
　餐碗、尿盆與寵物旅行包
2 東森山林渡假酒店的房型都有
　室內溫泉，能自己在房間內泡
　湯
3 自助早餐選擇多又豐盛
4 還可以參加 DIY 活動
5 美麗彩虹階梯
6 毛小孩入住專屬牛排餐

樂福利餐酒館
創意台法料理帶來舌尖上的感動

還在煩惱不知道去哪約會、享受美食大餐嗎？在樂福利，你能品嘗到精緻法式工法結合台灣傳統美味的創意料理！每一道都充滿視覺與味覺上的滿足，伴隨著餐廳輕鬆的音樂，從前菜、湯品、主菜到甜點，慢慢用餐、慢慢聊。

重點是如果你和我一樣希望毛小孩陪伴一起度過每個重要時刻，樂福利還是一間寵物友善餐廳呢！記得在訂位前先告訴樂福利你會帶狗狗，狗狗的品種大小都先說明，樂福利會幫你安排適合的座位區，也能幫你客製化毛小孩餐點。

隨著時節變化調整菜單項目，道道都是驚喜！

餐前麵包使用法國AOC 認證的依思尼發酵奶油，帶有一點點鹹味、濃郁的奶香最為迷人！

將鹹蛋的蛋黃蛋白分開切碎烘烤，除了降低鹹度，也讓鹹蛋多了酥香的口感！灑在生菜上面做裝飾，邊吃生菜也會突然咬到鹹蛋的鹹香。

服務生都會介紹每道菜的發想與特色，就像大家熟悉的四神湯，經過介紹我才知道，它的原名是四臣湯，在樂福利用餐，吃東西還能長知識呢！

我們很常吃到避風塘炒蟹，但是有想過避風塘搭配義大利麵會是怎樣的感覺嗎？這道料理是發想於香港新加坡的避風塘風味，主廚使用雲林莿桐所產的蒜頭，自行披曬風乾，再切成蒜末酥炸，整盤滿滿的蒜酥超過癮！

法式料理用餐的一個特色就是慢食，慢慢上餐、慢慢吃，可以好好聊天、細細品嘗，真的是很幸福的事情！

樂福利餐酒館
- 桃園市桃園區永順街 21 號
- (03) 302 2030
- https://www.facebook.com/lovelybistro/
- ※ 隨季節變更菜單，每陣子都會有不同的特色料理唷！

1 樂福利也就是 LOVELY 的音譯喔

2 店家客製化寵物餐點，牛排是 Prime
　級牛肉喲

3 想吃到都要流口水啦

4 避風塘風味香煎干貝與蕃茄圓麵

5 以玉米穀物圈養的極黑牛最大特點
　就是肉質細嫩

日和．まいにち

幸福感～手做日式飯糰

想吃日式飯糰！就來桃園的日和吧！

喜歡日和挑高的用餐空間，餐桌與餐桌間擺放不擁擠，氣氛舒適能放鬆用餐。日和位在社區巷弄中的大樓一樓，提供日式飯糰、茶漬飯、熱壓三明治等輕食選擇，當早午餐也很適合！

帶狗狗來日和，不管是讓狗狗落地或者是放在椅子上，都是沒有問題的唷！店員們對毛小孩們都很溫暖親切，不過可惜的是，日和目前沒有提供寵物餐點。

飯糰每日使用來自不同產區的日本米

點餐台上的小黑板上會註明今日使用的日本米，強調使用日本產的稻米，讓飯糰、茶漬飯凸顯出米飯的原始香氣與口感，所以每次來都能有新的驚喜和期待。

鮭魚茶漬飯的鮭魚鋪在米粒小山丘上方，撒上青蔥和黑白芝麻，雞蛋也在裡面載浮載沈的好誘人啊！而且餐盤內的每個器皿都好可愛，是店長糰姊精挑細選的呢！建議加價升級套餐會多了沙拉、漬物和兩道家常菜！

日式煎餅作為小點心，更滿足了甜點胃，迷你棉花糖點綴著薄薄的煎餅淋上楓糖漿，楓糖特殊的香味，讓人一片接一片。

日和是一間能好好品嘗米飯的空間！用心

選米的日式飯糰搭配套餐，樸實美味的小菜，吃得出食物的原味，找一天帶毛小孩一起來享用吧！

日和．まいにち

◎ 桃園市桃園區民富三街 1 號

📞 (03) 331 9453

💻 https://www.facebook.com/hiyori090

1 用餐不用收服務費，餐具和水壺水杯放在柱子旁的架子上，都能自行取用。
2 乖乖等等
3 一起享用
4 辣炒雞丁飯糰
5 甜甜的帶皮甘藷，小小一顆但超好吃，幾乎都給 Tila 吃光光囉！

九湖村杭菊花海

季節限定！銅鑼賞秋雪－杭菊

每年 11 月到 12 月初，就是賞杭菊看秋雪的季節啦！苗栗銅鑼九湖村沿途有著大片杭菊田～想要被杭菊花海簇擁就快點來苗栗銅鑼！雪白、金黃、粉紅等杭菊田～美不勝收！

杭菊花靠近聞有著淡淡的清香，烘乾後香氣則會更加濃郁，在杭菊田的周圍，都會有小農販售杭菊花，可泡來飲用唷！

賞杭菊是不收費的！杭菊田周圍也沒有設圍籬，但大家在拍攝美美的杭菊時，要注意不要踩到杭菊或攀折杭菊！

如果兩叢杭菊間的小徑太窄，就不要硬擠進去拍照，因這樣會傷到花，花農會很難過的！而且花田很多，有些杭菊花田的小徑是可以通過的，在那邊就能拍出被花擁抱著的感覺啦！

自行開車交通指引：

* 車輛請由臺 13 線外環道經銅科南路大橋往「北」方向進入苗 38-2 線後，於國寶空地臨時停車場依序停放，再步行至九湖休閒農場及週邊花田賞花。

* 車輛請由臺 13 線外環道經九湖大橋往「南」方向進入水防道路後，依序停放左側，再步行至九湖休閒農場及週邊花田賞花。

九湖村銅鑼杭菊花海

📍 國道 1 號銅鑼交流道循銅鑼外環道，過九湖大橋沿線

🕐 季節限定美景：每年 11 月至 12 月初

逗號民宿 Doghowls
毛小孩入住獨享後院陽台草皮區

　　「逗號」在一個句子裡是停頓的意思！我們時常腳步太快，忘記了悠閒是什麼，想找個地方休息、重新充電，可以什麼都不做，只要發呆賞景，和毛小孩在一起，做什麼都好！

　　位於苗栗南庄的逗號，毛孩子有大範圍奔跑的空間！眼見就是山，享受群山環繞的景緻～逗號擁有的就是最純粹的自然！而每間房型均配有觀景露台、而且部分房間還擁有獨立專屬草皮呦！

　　逗號民宿的地點，自行開車前往比較方便！但也有大眾運輸工具可以到達，在民宿大門不遠處有著台灣好行《仙山線》的站牌，可以抵達逗號民宿。

逗號民宿毛小孩運動公園

　　來去逗號專屬的運動公園跑跑吧！寵物運動公園擁有約 600 坪有圍籬的草地，分為大小兩個區塊！

戶外毛小孩梳洗區

　　毛小孩玩耍後也能洗個澡，舒服的睡香香唷！逗號提供了冷熱水、寵物專用蓮蓬頭、梳洗台及防滑墊、防水圍裙、簡易梳洗工具、寵物專用吹風機等等！讓你能輕鬆地幫毛小孩洗澡！

　　把腳步放慢，適時地擁抱大自然！逗號不單純僅是個毛孩自在天地，也是能讓都市人重新充電的地方喲！

1

2

3

4

1 逗號大門　　　　3 民宿
2 露台與獨立草皮　4 迎賓接待處

逗號民宿 Doghowls
📍 苗栗縣南庄鄉南江村 17 鄰福南 58 號
📞 0975 820 058
🖥 https://doghowls.com.tw/

1 隔壁毛小孩也正享受牠
　 的綠地空間
2 位於一樓的雙人房型
3、6 逗號寵物運動公園
4 周圍設有圍欄也很安全
5 狗狗梳洗區

攬月莊民宿
賞櫻、賞梅、賞桐花！

　　苗栗公館打鹿坑的山區裡，有間特別的木屋民宿—攬月莊，這是寵物友善民宿，在這裡，你可以帶著心愛的毛小孩一起入住小木屋，在當令的季節中賞櫻、賞梅、賞桐花！

寵物友善小木屋—望月小築

　　望月小築是攬月莊獨立的雙人房小木屋，位於整個攬月莊的下方，獨立的雙人房小木屋只要經過停車場旁的小平臺，走下蜿蜒的旋轉樓梯就到啦！不過，如果有帶小孩或是老犬，走起來要特別注意唷！

　　望月小築小小間的，但是應有盡有，房間布置典雅溫馨，小客廳連接著浴室，床鋪則是要登上高高的台階，幸好對我來說不算吃力。

　　床躺起來好舒服！床墊上還有層乳膠床墊，睡起來軟 Q 舒適。

　　房間內擺放著熊貓玩偶和幾顆抱枕裝飾，還配有電熱扇，在冬季還有電熱扇好幸福！莊園內的花草樹木四季有不同的景致！在晴朗的夜晚，可以賞星攬月。

民宿小管家準備的簡餐

　　在入住前，民宿小管家都會詢問「晚餐想要

吃什麼呢？」攬月莊提供簡單的套餐，餐後飲料有咖啡和紅茶兩種，建議大家可以喝喝看攬月莊的咖啡，攬月莊的咖啡是用虹吸壺煮的，風味不錯唷！

攬月莊賞櫻花與梅花

　　夜晚的攬月莊很安靜，可以坐著跟民宿主人聊聊天！攬月莊已經有多年的歷史，現在民宿主人是王先生一家人，待人親切，也很喜歡小動物唷！

攬月莊民宿

📍 苗栗縣公館鄉福德村福德 35-2 號
📞 (03) 723 3305
💻 http://www.takemoon.url.tw/

1 迴旋樓梯

2 房間內配有電熱扇

3 望月小築

4 攬月莊的貓咪

5、6 能在戶外露臺用
　　餐、山林間觀星
　　和賞花

中臺灣

寵物友善空間

臺中市
彰化縣
南投縣

臺中市 東區

樂業寵物公園
400 坪草地～遛毛小孩去吧！

　　免費空間的寵物奔跑場所，就是臺灣各地的寵物公園啦！

　　位於臺中市東區樂業一路上的泉源公園，多年前就有設置寵物專區，而今直接規劃一區設為「樂業寵物公園」。

　　區分為大型犬區及小型犬區，有各自的專用出入口和活動空間，雙層門出入設計也更加安全。

　　整個空間是大片草地，讓狗兒有充足場地盡情奔跑，並且設有水管可以讓狗狗找出新玩法、鑽進鑽出！

　　有設置一個小型休息區讓毛孩主人遮陽，不過因為遮蔽物較不足，建議可以挑午後或太陽沒那麼大的時間帶狗狗來。

　　公園內有狗便袋、分類垃圾桶及飲水設施！當毛小孩便便的時候，務必清理以維護公園的清潔唷！

泉源樂業寵物公園
📍 臺中市東區樂業一路 79 號

攜旺 cafe 臺中寵物餐廳 & 浪浪中途學校 溫馨滿滿的浪浪中途學校

攜旺 cafe 位於臺中公益路與市民廣場附近，是臺中知名的寵物友善餐廳也是浪浪們的中途之家唷！

提供輕食、咖啡與寵物餐點，更定期舉辦狗狗的照護與教養觀念的課程，如果對於毛小孩行為上有些疑難雜症，也能藉此機會得到解答！

狗狗會送菜單給你

店裡的兩隻狗明星「灰熊」和「乖仔」是在開店前去收容所領養的，經過正確的訓練，秋田犬「灰熊」變得親人，而「乖仔」更是店裡傳送菜單的小幫手！

「攜旺所在」也是「希望所在」

攜旺 cafe 的店老闆們－蘇庭鋒、方思懿曾經是導盲犬訓練師，希望幫助流浪過的狗狗撫平對人們的不信任，學習與人生活的規矩！讓「攜旺所在」也是「流浪狗狗的希望所在」。

在這個空間倡導用正確方式教育浪犬，讓毛小孩都有機會接觸人群，更進一步幫浪浪們選擇飼主、幫牠們找到一輩子溫暖又安心的家！

攜旺 cafe 臺中寵物餐廳 & 浪浪中途學校
- 臺中市西區公益路 117-3 號
- 0936 936 736
- https://www.facebook.com/hopecafe2016/

1 門口有雙層門設計，毛小孩進出很安心
2 送菜單囉
3 來打招呼的灰熊
4 在攜旺小學堂畢業的毛小孩
5 攜旺寵物餐

Two Puppies 寵物友善餐廳

二犬！店長與副店長陪客用餐

Two Puppies 因為店長本身飼養了兩隻毛小孩，店名自然就取為 Two Puppies 啦！地點位於巷弄之中，有點隱密，騎機車會比較好停車，開車則需要找一下唷！

Two Puppies 主要提供義式料理，有酥炸點心、鐵鍋義式烘蛋、帕尼尼、薄片披薩、義大利麵、沙拉、飲品等菜色。推薦是舒肥雞胸肉小鐵鍋義式烘蛋，附餐是今日濃湯與手工佛卡夏麵包，濃湯的杯子還是可愛的柴柴呢！

還有蔬食田園通心粉沙拉，可選和風柚子醬或店家自製塔塔醬，滿滿的蔬菜覺得超划算。

需五天前預訂的寵物手工鮮肉凍蛋糕

店內有多種口味的寵物鮮食可選擇，可以讓毛小孩飽餐一頓唷！我們點的是田菜根雞肉口味。比較特別的是，店內有提供五吋手工鮮肉凍蛋糕，但這個需要五天前先預訂喔！

毛小孩可以坐上椅子唷！

店家有自己堅持的寵物公約，如果毛小孩在餐廳內便溺會酌收清潔費，建議毛小孩可以穿著尿布或先在室外解放完後再進餐廳唷！

除了請自備毛毯 / 箱籠外，餐廳也有提供狗狗坐墊可以使用，而沙發區是全面禁止毛孩上座。

店長「Candy」是中型親人也親狗的米克斯，而副店長兼風紀股長的小黑柴是「Yogurt」，因為 Yogurt 地域性較強，所以如果有客人帶毛小孩進餐廳後，大多時間會將店犬安排在休息區內，避免打擾客人們用餐唷！店狗在休息區的時候很安靜乖巧呢！

Two Puppies 寵物友善餐廳
📍 臺中市西區民權路 213 巷 7-5 號
📞 (04)2305 4177
💻 https://www.facebook.com/TwoPuppies/

嗝咖啡 Gé cafe
來一場忠於食物原味的約會吧！

　　這間位於臺中西區由民宅老屋改建而成的文青咖啡館：嗝咖啡 Gé cafe，保留了老屋的許多元素，外觀就如一般民宅般，用餐的氛圍也好似在家中般自在。

　　嗝咖啡的老闆提供這樣的舒適空間，讓寵物主人可以與毛小孩一同用餐，在嗝咖啡也能見到在寧靜角落睡覺的店貓「查理」以及店狗法鬥皮皮四處漫步的身影，要記得請勿亂餵食唷！

嗝咖啡的店名由來

　　「嗝 gé」是胃裏的氣體從嘴裏出來而發出的聲音，也是毛小孩吃完鮮食滿足的聲音!! 就是嗝咖啡的由來啦！

「嗝 gé」就是一健康的、天然的、開心的、滿足的！

　　嗝咖啡餐點皆手工自製，舒芙蕾歐姆蛋如在雲海般鬆軟，而鹹派與沙拉的組合健康且美味！飲料則是用量杯盛裝的古早味紅茶！

　　適合大胃王毛孩的豐盛寵物餐是豆渣配上米飯，飽足感加成，加上香煎的雞胸肉，脂肪含量低，還有地瓜泥的膳食纖維。

　　嗝咖啡寵物友善空間除了讓有養寵物的人和毛小孩有共享用餐的時光外，同時也能讓更多人學習愛護動物，尊重每一個生命唷！

1 嗝咖啡
2 明亮的吧檯點餐區

嗝咖啡 Gé cafe
📍 臺中市西區忠勤街 159 號
📞 (04) 2372 3200
💻 https://www.facebook.com/ge2014.tw/

1 用餐區都是在一樓

2 內部也有坐位

3 戶外小庭院

4 這個角度好美

5 狗狗吃完排便順暢且
　漂亮

6 適合做日光浴的梯間

Burger Joint 7 分 SO 美式廚房

東海店 臺中連鎖美式餐廳，服務親切零距離！

臺中也是個美食之都，如果你是喜歡美式料理的人，當然不能錯過歡迎毛小孩的寵物友善餐廳 Burger Joint 7 分 SO 啦！

目前在臺中已經有 5 間分店，餐點從早餐時段開始供應至宵夜場，不論是招牌漢堡、早午餐或排餐都很推薦唷！

這次來到 7 分 SO 的東海店，熱鬧學區內的 7 分 SO，假日早上八點就開始營業，適合在開啟整天行程前，到 7 分 SO 飽餐一頓。

雖然 7 分 SO 目前沒有提供寵物餐，但是也可以單點炒蛋給狗狗吃唷！或者是無調味的牛排。

7 分 SO 美式餐廳堅持用純牛肉、手摔出筋性的講究做法，漢堡肉、麵包、培根皆以炭烤提升香氣！

頂級豪華的紐約皇后早午餐，有清爽沙拉、炒馬鈴薯、法式吐司、雞米花、太陽蛋與牛小排，6 個願望一次滿足。

好吃的美式料理！就讓 Burger Joint 7 分 SO 美式廚房滿足你啦！而且 7 分 SO 都有在轉播 NBA 球賽唷！帶毛小孩一起來看球賽熱鬧一下吧！

Burger Joint 7 分 SO 美式廚房 - 東海店
📍 臺中市西屯區福康路 46 號
📞 (04) 2462 0309
💻 https://www.facebook.com/
　 BurgerJointTungHai/

Boss Dog 逗狗樂園

臺中市區內的寵物戲水遊樂園

大多數的寵物游泳池都位於郊區或山區居多，但是逗狗樂園就位在臺中市區靠進東海商圈附近，想要帶毛小孩游泳，不用跑很遠啦！

主建築物以貨櫃屋搭建而成，最明顯的招牌就是大大的狗狗藝術裝飾啦！逗狗樂園提供美式餐點和寵物餐，還有寵物美容與毛孩安親服務喔！

毛小孩專屬的泳池

逗狗樂園的草地區設有狗狗的障礙遊樂設施，讓狗狗有充足的場地可以放電。

另外還有最重要的狗狗專屬游泳池與自助洗澡區，吹風機、吹毛機等設施一應俱全，非常適合帶毛孩去放風玩樂。

1 大狗狗招牌
2 附設茶飲輕食
3 毛小孩專屬的泳池

Boss Dog 逗狗樂園

◎ 臺中市西屯區玉門路 368-1 號

☏ (04) 2461 8358

$ 一人 100 元、大狗（15 公斤以上）500 元、小狗（15 公斤以下）300 元
　※ 門票資訊僅供參考，實際金額以售票處為主

💻 https://www.facebook.com/bossdog368/

臺中市 南屯區

Le Chien 樂享森活

鄰近臺中市區也靠近交流道

Le Chien 樂享森活，提供讓毛小孩和毛爸媽們一個舒適的用餐環境，包含近 500 平方公尺的草坪及戲水池！

餐廳本身提倡三「不」愛地球

1. 不提供吸管。
2. 不提供餐巾紙、塑膠撿便袋。
3. 不提供外帶打包。

所以大家來樂享的時候，該自備的東西都要準備好喔！一起環保愛地球。

樂享森活位於公益路上，一旁就是交流道，附近停車也非常方便。

除了一般餐點外，也有提供寵物餐，讓來樂享的大人與毛小孩都能一起開心用餐。

網路評價毛爸媽都給予極高的讚賞，有機會可以來樂享森活用餐兼玩水。

Le Chien 樂享森活

📍 臺中市南屯區公益路二段 959 號

📞 (04) 2389 3724

💲 （毛孩費用皆含有鮮食一份唷）

小型犬 11 公斤以下	300 元
中型犬 11 公斤–21 公斤	400 元
大型犬 21 公斤以上	500 元

大人入園費 200 元，可全額抵消費

小孩入園費 150 元，亦同（12 歲以下免入園費）

※ 門票資訊僅供參考，實際金額以售票處為主

💻 https://www.facebook.com/amourlechien/

秋田武咖啡

日本秋田犬保存會認證特優犬駐店中－秋田界的金城武!!

你是否曾經秋田犬、柴犬傻傻分不清楚呢？同樣為日本犬的秋田犬與柴犬其實有許多不同處唷！

在臺灣養秋田犬的人比較少，而位於臺中沙鹿區寧靜悠閒巷弄中的秋田武咖啡就是由喜愛咖啡與秋田犬的老闆們所開立！ 店內許多來自日本秋田縣帶回來的秋田犬小物，也有許多關於秋田犬的相關書籍，更有日本秋田縣的旅遊書，老闆真的愛秋田成癡啊～

秋田武咖啡的個人低消是每人一杯飲品，午後時光點杯咖啡，在這邊認識秋田犬也不錯呢！秋田武咖啡目前沒有供應毛小孩餐點，店內狗狗可以落地，但要記得用牽繩唷！

特別的分層拿鐵製造出一種漸層的視覺效果，攪拌後相互融合成為一杯層次感豐富的拿鐵飲品。而原味鬆餅淋上

秋田武咖啡

📍 臺中市沙鹿區 6 中山路 378 巷 46 號

📞 (04) 2665 7881

💻 https://www.facebook.com/akitatake

焦糖醬更增加鬆餅風味。當老闆娘在做鬆餅的時候，整間店都可以聞到鬆餅香～超誘人的啊！秋田武咖啡鬆餅真的烤得很好吃捏～不需要花俏妝飾，入口的美味就勝過一切啦！

日本秋田犬保存會受賞特優犬－店犬小武

秋田武咖啡有兩隻店犬，分別為秋田犬－小武與米克斯犬－咪咪，通常咪咪都會在店裡漫步，小武則是不定時到店裡晃晃，如果想要看小武，請不要害羞，問問老闆也許就有機會看到唷！

在日本，秋田一直深受大家的喜愛，忠犬八公就是秋田唷！秋田犬漂亮的毛色又擁有威武氣勢，而對主人忠誠的個性更是明顯。

秋田犬、柴犬怎麼分

體型：

秋田犬和柴犬最大的不同就是體型大小，成年秋田犬體重大約 45 公斤上下，有時候就算是成年男性也很難駕馭秋田犬！而成年柴犬體重大約十公斤上下，相較下就很迷你吧！

毛色：

秋田犬和柴犬的毛色很相似，都有赤、黑、白、胡麻等毛色！而秋田犬更多了一種毛色，就是虎斑紋！

臉部：

秋田犬和柴犬都是三角立耳！但你仔細看，會發現秋田犬的耳朵比較厚唷！而秋田犬的五官比較集中，更顯得兩頰肉肉，好想捏捏啊！柴犬五官則是分布得較平均！

秋田武咖啡，一間旅程中意外發現的咖啡廳！透過老闆對秋田犬的熱情，深深覺得愛狗的人永遠不會孤單，因為不論你養什麼品種的狗狗，都是可以互相交流的。

1 店犬咪咪表演被槍擊的畫面
2 驚喜包！小武小時候跟現在完全不像

097

1 小武帥氣又可愛啊
2 等待吃鬆餅的 Tila
3 店內空間寬敞明亮
4 最上面是日本秋田能代空港限定的秋田犬
　玩偶，太可愛了

別有洞天水管餐廳
帶毛小孩溜進水管屋裡吃飯

咖啡廳很常見，出去玩就想要找點不一樣的餐廳用餐啦！位於彰化縣花壇鄉的別有洞天水管咖啡莊園，它的特色就是有數個獨特的水管屋，做為餐廳包廂，是全臺首座「水管屋咖啡莊園」唷！

寵物友善的別有洞天，若是有帶毛小孩一起前往，都會儘量安排在獨立的戶外水管屋包廂內，而每個水管屋內皆設有冷氣，用餐時過程中不會過熱，空氣也得以流通。戶外草皮乾淨，毛小孩落地跑跑的同時也要注意草地清潔唷！

求籤問姻緣的月老廟

這裡還有一點很特別的是，戶外園區內有一間月老廟，有許多人專程跑來求籤問婚姻呢！看樣子香火很旺喔！

水管包廂內用餐別有一番趣味

而室內空間也有水管屋組合而成的用餐包廂，看你喜歡哪一種用餐環境！

每間水管包廂最多可以坐六個人，再多就會覺得有點擁擠了。

從圓形水管屋橫豎線條的窗框透出來的華燈初上，與傍晚時分天邊的橘紅色晚霞互相輝映，畫面更是好看。

想在水管屋內品嘗瑪格麗特披薩、青醬唐揚雞肉燉飯、漂浮草莓奶霜與黃金薯條嗎？有空帶毛小孩來體驗吧！

別有洞天水管餐廳
📍 彰化縣花壇鄉花橋街 25 之 16 號
📞 (04) 787 4518
💻 https://www.facebook.com/bravo8522/

茶二指故事館
浴衣體驗逛茶園～水管屋露營

　　位於南投名間的茶二指故事館！室內展館可了解製茶的故事，戶外園區可俯瞰松柏嶺茶園美景，可以跟巨型珍珠奶茶合照，也可以在繽紛彩虹傘隧道下敲響愛的幸福鐘，園區內更提供浴衣體驗，還有與茶類相關的 DIY 活動，認真玩起來也可以花上個半天時間耶！

　　茶二指也是寵物友善的旅遊景點，就帶狗狗一起逛茶園，拍美照吧！有戶外大型停車場，停車方便。

製茶的小故事

　　大多數年輕人可能比較喜歡喝咖啡，其實臺灣最在地的就是茶啊！逛逛園區也同時接觸臺灣傳統的茶道文化，很有意義的旅遊呢！而且故事館內除了介紹茶，還有許多拍照打卡的點喔！

　　毛小孩可以進故事館，繫牽繩、寵物包、推車都可以，若是要讓毛小孩落地的話，記得先在戶外上完廁所，避免毛小孩在館內做記號！

舒心的綠意茶園

　　戶外的茶園區不算小，且設計了許多拍照的造景藝術，可以慢慢拍、慢慢玩！園區內的工作人員也很親切唷！這裡還有提供浴衣體驗，一小時 200 元，穿著浴衣在園區玩耍，也能自行幫毛小孩準備一套浴衣，讓旅遊回憶畫面更豐富。

茶二指故事館

📍 南投縣名間鄉埔中巷 32-1 號

📞 (04) 9258 3126

💲 一人 100 元（50 元折抵販賣部消費，50 元折抵餐廳消費）
　　毛小孩不收費，彩色水管屋只接受小型犬入住。
　　※ 門票資訊僅供參考，實際金額以售票處為主

💻 http://www.fingertea.com.tw/

1 開心遊茶園，俯瞰
　松柏嶺茶園美景
2 園區內也有提供餐
　點唷！小籠包套
　餐附贈冷泡茶
3 DIY 活動
4 園內一角
5 小朋友喜歡的沙坑

每個地區都要有毛小孩們的歡樂主題樂園，走國道三號下竹山交流道後不到十分鐘車程就能抵達「右下四角村」，總占地達 3200 坪大！

園區內的設計皆以狗狗們為出發點，除了有狗狗專屬泳池、廣大草皮遊樂設施、主寵餐廳外，更有繽紛水管屋，能讓主人跟寵物同住的唷！

餐廳由貨櫃屋改建而成，提供人與毛小孩的餐點，有咖啡、飲料、輕食，餐廳內有免費 Wi-Fi，玩累了可以到餐廳休息一下。

餐廳也有提供毛小孩的無鹽料理，有多種選擇。這次幫 Tila 點的是小肉凍與杯子蛋糕！

用餐後可以來到遼闊大草坪上，園區維護的很乾淨，沒有毛小孩便便四處散落的情況。而草地上隨處都能見到互動遊樂器材，像是車輪跳圈圈、翹翹板、跳躍障礙與長形鑽洞水管等等，讓需要大量活動的狗狗們進行放電，或者是丟丟飛盤折返跑也很有趣。

狗狗開趴啦！

游泳池設計為狗骨頭造型，泳池最深處約 100 公分，約成人腰際處。入池前記得先將毛小

孩沖濕，目的是為了把毛小孩身上多餘的毛髮泥土沖乾淨，也能先適應水溫！

右下四角村提供狗狗們開心遊樂的園地，主人們也能跟隨在旁，用愛的目光守護。如果感到疲累，就在涼亭內放鬆休憩，等待充飽了電，再繼續享受這充滿歡樂的遊樂園！

右下四角村

📍 南投縣竹山鎮集山路二段 892 之 18 號

📞 (04) 9265 8785

💲 成人 100 元 (可折抵 100 元套餐或 50 元飲料及小點心)、12 歲以下免費入園
　大中型犬 300 元、小型犬 200 元
　※ 門票資訊僅供參考，實際金額以售票處為主

💻 https://0492658785.ego.tw

1 狗骨頭造型游泳池
2 喜歡游泳的 Tila 妞
3 邊境玩得超開心，在水中接飛盤。
4 毛小孩專屬的滑水道

1 吹水機快速吹散毛髮水分！再用吹風機剛剛好
2 園區內還有洗澡區和吹毛區，毛小孩游完泳後可以洗香香
3 狗腳印草坪
4 坐好準備開動
5 好好玩啊

南臺灣

嘉義市
臺南市
高雄市

狗殿寵物美食餐廳

中醫五行食療寵物餐

位在嘉義市的這間狗殿寵物美食餐廳，不止是寵物友善餐廳，更是專門的寵物美食餐廳！以中醫五行的食補療法設計寵物餐，而人享用的餐點也很美味唷！溫馨小店內更有一整櫃的狗狗變裝服飾道具，在等待餐點的同時能為毛小孩打扮拍拍照！

狗殿二樓為寵物美容，如果毛小孩有洗澡的需求也能詢問老闆娘狗狗洗澡服務收費方式！

值得一試的特色小火鍋

推薦剝皮辣椒雞火鍋，來自花蓮的剝皮辣椒，先放三條就很夠味！剝皮辣椒雞湯內的雞肉塊很多，是一整隻大雞腿啊！

火鍋菜盤很健康，沒有過多的加工料，滿滿的蔬菜！雞湯越煮越清甜且香氣濃郁，辣椒的微嗆辣感存在於湯中，

每一口湯入喉是停不下來的好滋味，明明覺得辣，卻又一直想喝！

寵物餐多樣化，提供自助餐與特色年菜

這裡的寵物餐是我看過最多樣化的，真不愧是「寵物美食餐廳」！讓我覺得有一種來搭伙的錯覺。除了固定寵物餐外，狗狗自

1 寵物餐廳
2 狗殿內空間

剝皮辣椒雞火鍋

狗殿寵物美食餐廳

📍 嘉義市西區長榮街 308 號

📞 (05)223 1160
　 建議先訂位（接客數以毛小孩為主唷）
　 無服務費.無寵物入場費.每人低消 80 元.毛
　 小孩低消 40 元

💻 https://www.facebook.com/dogs.palace.
　 Chiayi/

助餐更是狗殿的一大特色，在特定時段間供應狗狗鮮食，自助餐每次會有不同的變化，老闆娘很熱衷於分享她的毛小孩食療理念。

過年期間也會針對貓咪狗狗推出適合的寵物年菜。內容有：牛肉八寶竹筒飯、佛跳牆、木耳高麗菜卷、香煎櫻桃鴨、牛肉甜甜圈、牛肉發糕！其中佛跳牆根本是滿滿的膠質凍啊！年菜超級豐盛，可以從除夕吃到初五的概念，讓毛小孩也可以和主人一起過好年！

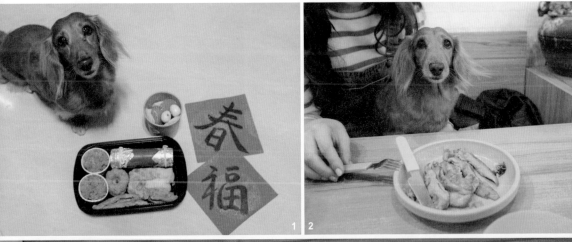

1 寵物年菜
2 寵物餐香煎櫻桃鴨，有四片鴨肉一份 130 元
3 營養豐富的寵物自助餐

寵物餐
主人餐請見背後

The Dog's Palace 狗殿

寵物鮮食皆以新鮮食材製作，不添加任何調味料，不油炸，以水煮和蒸烤方式烹調，讓毛寶貝吃得美味又健康
餐點皆為現點現做，鮮時費工，請耐心等候，寵物餐點會依季節製作調整，不定時更改菜色
為了維護本店整潔，公狗落地請自備樓梯或洽店內購買；寵物低消每位40元

歡迎預約 (05)223□
營業時間 11:30-21:00 週三□

🐾 牛肉系列
牛肉起士糙米炒飯	S 120g $90	M 240g $170	
牛肉義大利麵		$90	
牛肉漢堡排		$120	
牛肉八寶飯	S 120g $100	M 240g $190	
嫩煎牛排		$130	
清燉牛筋肉 270g		$150	
養生飯　　義大利麵			
紅燒獅子頭 每份2顆		$130	
牛肉披薩		$130	

🐾 雞鴨系列
香煎櫻桃鴨	$130	
雞肉親子丼飯 使用高纖糙米飯	$130	
雞肉軟骨漢堡排	$120	
香煎鴕鳥菲力	$180	
薑黃烤雞腿排	$160	
椰香煎雞腿排	$160	
迷迭香去骨烤雞腿	$160	
因每售10-15分鐘　　　一隻去腿		
雞皮油脂較多，請主人視毛寶貝健康欣況勾選是否去皮		

🐾 羊肉系列
羊油羊肉糙米炒飯	S 120g $90	M 240g $170	
羊肉義大利麵		$90	
羊肉漢堡排		$120	
烤羊排		$180	

🐾 豬肉系列
蘋果豬排	$120	
義式香草肉腸	$120	

🐾 魚肉系列
小魚蔬菜炒飯	$90	

🐾 寵物特製風味餐
起士豬軟骨飯		$130	
鹿肉派		$120	
南瓜鮮魚燉飯	S 120g $100	M 240g $190	
牛肉地瓜起士燉飯	S 120g $100	M 240g $190	
鴨肉山藥燉飯	S 120g $100	M 240g $190	

🐾 寵物小點心 新品不定時推出，請洽工作人員
寵物雞蛋糕 3塊	$40	
寵物鮮奶	$35	
貓狗適用，富含鈣質，不含乳糖，避免寶貝過敏腹瀉		
新鮮羊奶	$45	
新鮮羊奶 250cc /瓶	$100	
蔬菜凍 夏季限定	$100	
牛肉　　　羊肉		
鯛魚燒 1份2塊	$120	
牛肉　　　羊肉　　　雞肉		

🐾 狗狗專屬 造型生日肉肉蛋糕
採預購制，請於3天前預約，詳洽工作人員
2吋心型雞肉蛋糕	$160	
4吋心型雞肉蛋糕	$250	
6吋骨型雞肉蛋糕	$450	
6吋鹹派蛋糕	$500	

🐾 貓咪專屬 造型生日肉肉蛋糕
採預購制，請於3天前預約，詳洽工作人員
2吋心型雞肉鯛魚蛋糕	$250	
4吋心型雞肉鯛魚蛋糕	$350	
6吋骨型蛋糕	$588	

1 這一櫃都是毛小孩的變裝道具
2 自助加水區
3 選擇非常豐富的寵物餐

拖拉庫 トラック

不一樣的站食體驗～

臺南美食多，創意料理也不少，位於臺南中西區靠近國定古蹟臺南地方法院的拖拉庫 トラック就是很特別的一間餐廳。

拖拉庫會變化菜單主題，像是將香港茶餐廳結合臺式料理，自己想怎麼吃就怎麼搭配，玩創意的吃法！連飲料也是唷～

而且拖拉庫也是間寵物友善餐廳，特殊的站食主義，整間餐廳的椅子並不多，大家可以站著享受美食，玩桌遊、打打電動，毛小孩也能落地走動，整間餐廳自由跑，當然最重要的是飼主也要顧好毛小孩，毛小孩乖乖不隨意便溺、不亂吠叫、不打擾其他客人喲！

餐廳內部是很寬敞的開放式空間，一旁側門看似不大，進去後會發現別有洞天啊！

在拖拉庫～最大的特色就是「站食」！但也是有些小椅子或沙發，不習慣的人還是能坐著喲！但感受一下席地而坐或站著的感覺還挺新鮮的～店內有許多復古的雜貨古物，還有很多遊戲、桌遊與電動都是可以免費玩的！

DIY 自選的配菜模式

任你選配的方式，讓點餐變得有趣，我點的黑糖饅頭＋港式臘肝腸＋青菜＋港式幼麵，滿滿一顆！黑糖饅頭甜甜的～搭配臘腸很特別！還有青江菜唷～精華重點就是醬料，搭配自己喜歡且適合的醬料，好吃程度大大加成。

來到臺南古城，去拖拉庫吹吹冷氣，讓毛小孩能在室內跑跑～放鬆一下也挺不錯的！

1 留言本
2 自助取餐、調醬區

拖拉庫 トラック
- 臺南市中西區府前路一段 265 號
- (06) 214 8058
- https://www.facebook.com/trucks265/

1 門口看來是個車庫
2 一進到裡面好寬敞
3 Tila 玩跳格子

1 點餐的方式是自助點餐的！不收服務費喲
2 牆上有示意的混搭餐點
3 等待餐點的時候可以去二樓空間閱讀，毛小孩也能上去！
4 黑糖饅頭 + 港式臘肝腸 + 青菜 + 港式幼麵

Ai-Wei Bistro 愛薇餐酒館
一間延續愛與思念的餐酒館

也許你曾經看過新聞報導關於「那個幸福的抗癌小女孩－薇薇」，而愛薇就是老闆為了實現天使老婆的心願所開立的餐酒館。

在這間餐酒館的一點一滴都是老闆親手參與完成，舒適沒壓力的空間很適合家庭用餐、朋友聚會、辦活動、品酒小酌。採取預約制，希望以充足的時間，將食材與飲品用心料理，呈現出美味佳餚給每一位到訪的顧客。

愛薇餐酒館同時也是間寵物友善餐廳，毛小孩可落地，也會準備毛小孩專用小毯子，鋪在沙發上，毛小孩就能坐在你身旁一同用餐。

用心料理美味佳餚

入住 Omoi Life House 的時候，小管家很推薦愛薇餐酒館的厚切豬排，如果有興趣的人也可以參考點餐！我們點的是威士忌炙燒櫻桃鴨胸，粉嫩的櫻桃鴨胸，極富口感的肉質，真的很美味！

還有德國豬腳佐蜂蜜芥末子醬，Q脆表皮的德國豬腳，總是令人停不下來的一口接一口，連坐在一旁的 Tila 妞也看得口水直流。

來到餐酒館，雖然沒喝酒也能點上一杯無酒精特調喔！創意的搭配方式，上面還有放小熊軟糖呢！

愛薇餐酒館現在已經開始提供寵物鮮食，下次用餐時～狗狗不用再乾瞪眼啦！

1 店門口就有停車位，很方便唷
2 店內有許多花草布置空間，非常浪漫

Ai-Wei Bistro 愛薇餐酒館
📍 臺南市中西區開山路 133 號
📞 無，粉絲頁私訊預約訂位
💻 https://www.facebook.com/AiWeiBistro

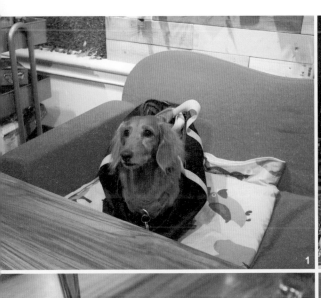

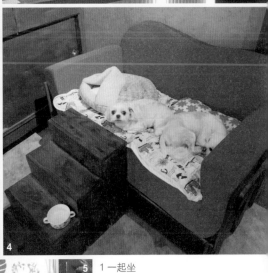

1 一起坐
2 吧檯另一個角度
3 無酒精特調
4 店犬的休息空間
5 想吃

肥窩咖啡
老屋內豐盛早午餐與狗狗餐

毛小孩乖乖包尿布、禮貌帶，就能進去肥窩咖啡！

說到臺南的寵物友善餐廳，肥窩咖啡的豐盛早午餐可是許多人的推薦名單呢！除此之外也有寵物餐，快來和狗狗一起享受早午餐時光吧！

老屋的木作天花板挑高出寬廣的空間，肥窩還將學校課桌椅變成用餐區，讓人有種回到唸書時光的感覺啊！走上二樓的用餐區，只要毛小孩包尿布、禮貌帶後，都能落地自由走動，也可以坐椅子上唷！

店內也有販售多款手工寵物肉乾，非常適合給毛小孩當獎勵零食使用！

與毛孩一起早午餐

餐點的部分我們點了手拍漢堡肉排煎餅，搭配上綜合莓果微氣泡飲，營養豐富份量多。狗狗的餐點則是紫薯燕麥雞肉丸，好多顆肉丸看了就超滿足。

每間寵物友善餐廳都有各自的原則與規約，肥窩咖啡認真地推廣禮貌帶跟生理褲，希望客人與餐廳彼此間可以互相尊重和相互體諒。

穿上禮貌帶毛小孩能放繩自在玩耍，店家能安心，沒有尿尿，意味環境更整潔，對於客人們來說也是很理想的用餐空間。

1 戶外繽紛的彩繪牆
2 店內空間

肥窩咖啡
- 臺南市北區開元路 148 巷 24 號
- (06) 238 4607
- https://www.facebook.com/ 肥窩咖啡 -83963568312956/

1 吃飽喝足放輕鬆
2 二樓用餐區
3 店內空間
4 好多顆肉丸超滿足
5 戶外空間乾燥花

帶毛小孩玩臺南，首推就是 Omoi Life House 的寵物旅遊套裝行程啦！Omoi Life House 的小管家 對於臺南瞭若指掌，總能推薦大家許多適合帶毛小孩一起玩耍或吃飯的地點！

如果對於行程規劃比較沒有概念或是想要輕鬆跟著玩，建議就是找 Omoi Life House 來幫你設計旅遊行程啦！所有的入住安排都會包含旅遊規劃方案唷！

濃濃美式風格套房

一樓設計成小露營區，夜晚有種溫馨的氛圍。而雙人套房的空間很大又舒適，民宿布置得很溫馨，牆上也有許多美式風格的貼圖！

因為是木製地板，走起路來會比較有咚咚聲音喲！衛浴的水壓溫度很穩定，房間很乾淨無異味，幫毛小孩準備毯子或小床都能睡得香甜。

早餐當然是臺南道地美食，林全碗糕超好吃！便宜又大碗，我們又去買了兩份外帶！而毛小孩入住則有專屬的

鮮食或零食，都是跟優良的寵物鮮食業者配合的唷！

來到這裡，你會看到超級可愛的民宿犬擦擦，和 Tila 一樣擁有愛吃的靈魂，簡直一拍即合。

帶毛小孩來臺南，享受 Omoi Life House 的貼心服務與安排，會讓旅程更加順心，毛小孩也能吃飽飽又有的玩唷！

Omoi Life House
📍 臺南市安南區府安路 5 段 218 巷 47 號
📞 0916 587 829
💻 https://www.facebook.com/Omoilifehouse/

位於臺南安南的四草舟屋，擁有廣大的腹地包含草地和獨木舟體驗區！不論是住宿、露營、烤肉或獨木舟體驗通通可以帶毛小孩一起同樂唷！完全就是毛小孩的親善營地啊！

這次來到四草舟屋體驗獨木舟，初次划獨木舟不免緊張，但在四草舟屋這邊完全不需擔心，體驗活動提供救生衣、船隻、划槳，重點是含教練教學，在你划獨木舟的同時，岸上也會有教練救生員在旁唷！整個很安心啊！

而且毛小孩也可以上獨木舟喔！建議選擇在夕陽西下的午後來到四草舟屋體驗日落美景，也能避免太陽太大曝曬炎熱的情況。

Tila 第一次搭獨木舟整個非常好奇，除了好奇外，還很愛偷喝池裡的水，哈哈！

獨木舟體驗過程大約一小時，建議划獨木舟的最佳時間是下午四點半至五點半之間，吹著微風划槳很惬意，也能

看著遠方夕陽還有水鳥在周圍，是很不錯的經驗唷！

四草舟屋有露營地提供，也有一般住宿，毛小孩皆能同行，記得毛小孩不上床，不將人用物品給寵物使用都是最基本的公約唷！

1 接待迎賓區
2 夕陽美景

四草舟屋

📍 臺南市安南區四草大道 699 號
📞 (06) 284 0225
💻 https://www.facebook.com/SicaoHouse/

森・呼吸 Jorona Park 寵物休閒廣場

專為寵物打造的休閒農場！愛毛孩的大家同來「森」呼吸

一提到臺南狗狗游泳池馬上想到就是關廟區的森呼吸寵物休閒廣場啦！

有超大寵物游泳池，是帶狗狗去臺南玩時一定要排入的行程，游完泳也能在森呼吸洗香香，不論是洗毛精、吹水機、吹風機，森呼吸通通有。

而森呼吸的休園時間是每週三、四，記得要避開～不然就會撲空了！我們下午一點多到森呼吸，用餐後才開始玩水～游泳池開放到四點半，戲水時間非常充裕，整個愛上森呼吸的環境。

一入園就可以看到大游泳池！而且園區都有安裝微噴霧系統降溫！開放式大水池，大小型犬一起玩耍！水深及腰 (最深處約 90 公分)，初次玩水的毛小孩建議穿戴救生衣下水，下水前毛小孩都要先去上個廁所和沖沖水唷！下水沖洗區就在泳池旁邊，不要在泳池內便溺，一同維護乾淨水質。

整個水池很大又清澈，泳池內鋪上顆粒石頭小磁磚也有防滑的效果！而且是漸進式的下坡方式，水深度慢慢往水池中間加深，狗狗們可以有適應的時間。

自助澡堂＆吹水設備

洗澡區有提供熱水唷！超貼心～而一旁就是自助吹毛區了！吹水機，投幣可以吹七分鐘。吹水機用完換吹風機，

也是一次七分鐘，這樣兩次吹完！小型犬也剛好吹乾了。

吹水設備旁邊有 VIP 狗聚區，200坪草地、骨頭戲水池、安全柵欄。如未有預約包場，會開放給使用，是個小型草地跑跑區。

森・呼吸 Jorona Park 寵物休閒廣場

📍 臺南市關廟區中大街 138 巷 7 號

📞 (06) 555 1552

💲 成人 150 元 (可折抵餐點，寵物餐除外)
　 小型犬（10kg 以下）戲水票 300 元
　 中型犬（10.1kg–20kg）戲水票 360 元
　 大型犬（20.1kg 以上）戲水票 420 元
　 ※ 門票資訊僅供參考，實際金額以售票處為主

💻 http://www.cynjo.com.tw/

泡咖啡 Paw's Café

　　森呼吸裡的泡咖啡 Paw's Cafe 有提供簡餐、炸物、飲品，主人們能用餐補充體力繼續陪毛小孩玩，另外當然也有寵物餐啦！是吉快樂寵物蛋糕屋的狗狗鮮食餐嘍！園區都有提供寵物專用水，也有狗狗的水碗。

　　森呼吸寵物休閒廣場透過 Google 導航可以順利抵達，園區外也很方便停車。而森呼吸寵物休閒廣場的聯外道路比較小條，第一次去可能很容易錯過，只要注意路口指標，跟著導航走，應該都是沒問題的唷！

1 櫃檯點餐
2 狗狗鮮食─牛肉起司排套餐
3 經典牛腩套餐
4 香煎鯖魚套餐

龍海號生態之旅

看夕陽、烤蚵牡蠣吃到飽

遊臺南七股，超推薦有吃有玩的七股龍海號生態之旅，可說是寵物親子旅遊首選！帶著毛小孩搭乘龍海號，遊訪七股潟湖，再加上烤蚵牡蠣吃到飽，超划算！

船上導覽員解說很風趣，沿途也可以看到許多蚵架。船長帶著大家了解潟湖生態與七股之美，沿途中經過蚵架更可自告奮勇體驗提蚵網、灑網。

踏上七股網仔寮汕沙洲，有退潮時限定生態景觀—泥灘上密密麻麻的和尚蟹，吸引目光也震撼啊！但有密集恐懼症的人不能盯太久。

島上有規劃步道可以環島散步一圈。而經過台江國家公園管理處整修完成後的步道，更有設置和尚蟹的迎賓裝置藝術。計畫搭乘龍海號的朋友們可以期待一下。

搭龍海號遊潟湖的時間大約兩小時內，但可能會因潮汐關係而增減航程時間，所以這是預估且不包含烤蚵的時間唷！

烤牡蠣30分鐘內免費續盤吃到飽，一盤烤蚵吃光後就可以再續，超過時間就會收費囉！

算準時間，搭乘晚一點的船班，更有機會在船上欣賞夕陽美景唷！建議大家如果時間允許可以選擇四點的班次（每日船班時間需與店家確認）

搭乘晚一點的龍海號，先烤蚵，再遊潟湖，看和尚蟹與夕陽，這樣的安排我覺得超棒的啊！

龍海號生態之旅

📍 臺南市七股區龍山村（海寮）216 號
📞 (06)787 3679 ／ 0910 816 952(LINE ID)
💻 https://www.facebook.com/longseaboat/

129

鹽水 清香馨牛肉麵

臺南市 鹽水區

溫體牛肉麵大大飽足

來到臺南鹽水玩，不能錯過品嘗美味牛肉麵的機會。推薦清香馨牛肉麵給大家，不只紅燒牛肉麵好吃，藥膳羊肉也是別處吃不到的特別口味唷！

清香馨牛肉麵就位於南榮科技大學校門口正對面，很好找，店門口也很方便停車。牛肉是使用經 CAS 認證的御牧牛。

清香馨牛肉麵也是臺南寵物友善餐廳，只要狗狗繫好牽繩不要在店內亂走動，都可以帶毛小孩一同用餐呢！放寵物包中可置於椅面上，記得不要在店內亂衝與打擾其他客人呦！（※詳細規定依店家現場資訊為主）

餐廳內空間很大，典雅的布置，牆上掛了許多油畫、書法字畫，充滿藝術氣息。店內的風格很混搭，中式的餐桌椅和西式油畫吊燈的組合，黃色的燈光

有著家庭式餐廳的溫馨感。

點了碗臺灣溫體牛綜合牛肉麵，肉塊多多又大碗才 150 元，好吃便宜又超滿足的啊！湯頭不嗆辣，很溫潤好入喉，每口麵條加上切細的蔥段與酸菜，更加豐富整碗牛肉麵的滋味！

麵條使用臺南新營太子宮的太子宮麵，只要一說到新營太子宮麵，在地臺南人應該都知道，也是許多人會購買的臺南伴手禮，來清香馨牛肉麵老闆直接煮給你吃～最快！如果未來有毛小孩專屬的牛肉麵就太棒啦！期待～

鹽水清香馨牛肉麵

📍 臺南市鹽水區朝琴路 247 號（南榮科技大學校門口正對面）

📞 (06)653 5488

💻 https://www.facebook.com/QingXiangXin

1 味道實在太香，Tila 在旁邊忍不住躁
 動
2 搭配綜合小菜盤更對味
3 綜合牛肉麵好大一碗，除了軟Q的牛
 筋、入味的牛腱肉、還有脆脆的牛肚
4 清香馨藥膳羊肉湯，清甜湯頭無羊騷
 味，湯裡的羊肉片也不少
5 特製的沾醬與羊肉片超搭～湯裡還有
 杏鮑菇，意外好吃

鄰咖啡 Neighbour Cafe – 寵物超友善餐廳 狗狗套餐必點勿錯過！

店如其名的鄰咖啡 Neighbour Cafe – 寵物超友善餐廳，真的對寵物非常友善。就在高雄漢神百貨旁巷子裡的鄰咖啡，不只歡迎狗狗，各式各樣的毛小孩都歡迎，店內時常有包場活動，前往用餐時建議可以先上粉絲頁看看有沒有公告唷！

咖啡廳內牆上的彩繪，是以動物繪本呈現溫馨的故事氛圍，店內還有寵物的變裝服，可以幫毛小孩打扮拍照唷！

早餐時段用餐的客人就不少，大家都喜歡鄰咖啡的美味早午餐，在這邊，狗狗可以自在落地行走，當然主人一定要看顧好。

早午餐選擇多樣，有主菜、生菜沙拉、烤麵包、優格、湯品和飲料搭配英式炸魚薯條或牛小排、歐姆蛋⋯⋯等。

毛小孩的餐點有牛、雞、羊、鴨四種肉類選項，更搭配健康的無糖豆漿，也有提供現點現烘的寵物零食 – 活力雞肉乾可選擇。

這裡會定期調整菜單，讓客人們吃到更多不同的美味餐點。鄰咖啡，一個歡迎你帶毛小孩來用餐的美食空間！

鄰咖啡 Neighbour Cafe - 寵物超友善餐廳
📍 高雄市前金區允文街 77-1 號
📞 (07) 215 3136
💻 https://www.facebook.com/
NeighbourCafeBrunch

1 寵物餐，牛肉丸子定食
2 BBQ 燒烤手打牛肉漢堡
3 黑糖堅果優格，許多毛小孩也很喜歡
　吃鄰咖啡的優格。
4 店犬是柯基犬－可愛的茉莉
5 記錄毛小孩的點點滴滴

5 號後院 Le patio cafe
內行人的巷內早午餐

高雄美術館藝文特區巷子內的 5 號後院，擁有多款早午餐、義大利麵、燉飯選擇，而它美麗的後院與前庭也很受大眾歡迎唷！

帶毛小孩來到 5 號後院，可以選擇坐在後院或前庭，室內空間只要不打擾其他客人也是可以的，主要還是看店家怎麼安排！毛小孩家教好，環境也會對寵物友善！室內用餐桌數也不少，建議假日或巔峰用餐時刻可以先打電話預約喔！

早午餐最豐盛！

營養滿分的鮮鮭魚豆腐蛋捲，對於大朋友或小孩都是很棒的早午餐選擇，附餐的小人麵包讓人回憶起兒時蘋果麵包的滋味。

豬肉串使用豬的翅仔肉，是除了

松板外最好吃的部位唷！主廚用迷迭香醃製後，肉質鬆軟又有香料氣息。

德勒辣雞腿義大利麵有蒜炒或奶油兩種口味的選擇。鮮蝦、蛤蠣、透抽、淡菜與番茄結合成滿滿海味的蕃茄海鮮燉飯，搭上清爽的蔬菜，也是個好選擇。

5 號後院 Le patio cafe
📍 高雄市鼓山區龍水二路 5 號
📞 (07) 555 0509
💻 https://www.facebook.com/lepatiocafe/

1 開放式透明廚房,可以看到廚師們料理的過程
2 前庭
3 通往後院
4 毛小孩能落地,愜意享受陽光
5 聞聞小人麵包的香味

貳樓餐廳 Second Floor Cafe 高雄店

逛逛草衙道，也有寵物友善餐廳！

高雄熱鬧的大魯閣草衙道購物中心，如果帶狗狗逛街的話，需要放置推車或寵物袋籠內。

連鎖體系的貳樓也進駐港都高雄啦！就位於草衙道的二樓空間，貳樓可以帶毛小孩一起用餐！對毛小孩友善也是貳樓最吸引毛孩家庭的元素之一。

新美式料理風格

定期調整菜單也會加入臺灣在地食材呈現多種特色料理！份量多，用餐的每個人都大大滿足。而且套餐麵包都是可以再續點的唷！

慕尼黑啤兒豬腳，豐盛的排餐還有健康的蔬菜搭配，豬腳搭配黃芥末與酸菜超對味。

啾 C 胡麻沙拉，想補充青菜的人就點這盤啦！而且多彩的配色更令人食指大動。

鹹香杏鮑菇山苦瓜寬麵，清脆的苦瓜搭配彈牙的炸杏鮑菇，有點臺式的創新口感義大利麵，很特別。

招待毛小孩炒蛋，是貳樓的一大特色，重點是貳樓的供餐品質始終很穩定，想吃美式料理，來貳樓踩雷的機會大大降低啊！帶毛小孩逛草衙道，餓了就到貳樓報到吧！

貳樓餐廳 Second Floor Cafe 高雄店
- 高雄市前鎮區中安路 1 之 1 號
- (07) 791 9222
- https://www.secondfloorcafe.com/

1 入座後貼心送上毛小孩飲用水
2 毛小孩守則
3 毛小孩炒蛋,還有毛小孩專用的餐具唷
4 草衙道貳樓走美式工業風格
5 餐廳內的海盜船設計總讓幼童們喜愛

Luna 河內越光高雄楠梓總店

愛毛小孩一族不能錯過的南洋料理

位於高雄楠梓離高雄大學不遠的 Luna 河內越光高雄店，提供美味的南洋料理，你在這邊可以吃到泰國料理也有越南菜，擁有豐富多樣的選擇喲！

而 Luna 河內越光本身也是間寵物友善餐廳，非常歡迎帶狗狗前來，感覺老闆就是個很有個性和原則的人！餐廳營業說明很明瞭歡迎寵物，若是本身不喜歡毛小孩的客人那就請自行斟酌啦！

狗狗來到河內越光只要小型犬用包包或小毯子就可以上沙發，大狗狗落地也是沒問題的唷！

河內越光目前沒有接受訂位，通通都是現場候位唷！內用區的座位不多，但美味餐點是值得等待的，或是餐廳一開門的時候就來用餐，這樣比較能確保有位子。

四人一起用餐，建議選擇店家搭配好的合菜套餐，組合都是極具特色的料理，但因為套菜無法做更換，若你想吃的剛好沒在套餐上，就比較適合自己搭配啦！

不收服務費，很適合家人親友一同享用，喜歡吃南洋料理的人，值得來試試看！而且又是寵物友善空間，愛毛小孩一族不能錯過啊！

1 像是鄉間小庭院般的 LUNA 河內越光
2 餐廳內布置裝潢很溫馨典雅

Luna 河內越光高雄楠梓總店

- 高雄市楠梓區大學東路 90 號
- 0982 791 165
- https://www.facebook.com/HeNeiYueGuang/

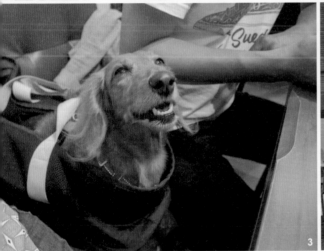

1 一起用餐
2 內用區
3 開心
4 戶外用餐秋冬季節比較
　涼，建議春夏更舒適點
5 月亮蝦餅很好吃唷

DoGu 狗民小學

高雄市 左營區

狗狗小學校風格

高雄寵物餐廳 DoGu 狗民小學，位於高鐵新左營站附近，提供每日現作的寵物餐點，可依狗狗體型需求點選寵物餐份量，只要 50 元起。

餐廳門口有個迷你空間，用木柵欄圍了起來，鋪上人工草皮讓狗狗玩耍，是毛小孩們的遊樂小空間！而這塊草皮絕對不是給狗狗尿尿的，建議大家在進入狗民小學前，先放毛小孩在戶外上好廁所，公狗也能加上禮貌帶，避免入內後一直到處作記號。

每個座位區下方也有寵物牽繩掛勾，可以把毛小孩牽繩繫上，讓狗狗安穩待在主人身邊嘞！

大大的招牌是隻 Q 版馬爾濟斯，清晰的「寵物友善」四個字，似乎正與愛毛孩的飼主們揮手！而狗民小學的店狗就叫作 DoGu，老闆娘因為 DoGu 開始了全鮮食之路，也提供多種口味的鮮食讓飼主與毛小孩選擇，有番茄牛肉丸、薯泥魚魚（鮭魚和鯛魚）、菇菇豬肉、南瓜雞肉、豆豆雞、APPLE 豬（豬里肌）、三心羊（豬心、雞心、羊肉），很豐富吧！

狗民小學的校園風格，從入口處的校園公約延續到店內，連桌號都是用幾年幾班的模式！而點餐本就是把自己的餐點寫到筆記本上拿到櫃檯點餐唷！

如果想要讓毛小孩飽餐一頓，DoGu 狗民小學是不錯的選擇，開車前往，車位有點難找，附近就是住宅區，騎車是還蠻方便的唷！

DoGu 狗民小學

📍 高雄市左營區文自路 980 號
📞 0938 872 728
💻 https://www.facebook.com/dogu0815/

1 門口的小區塊
2 店內空間
3 店內有販售毛小孩相關的產品
4 白飯上用海苔撒出狗狗掌印，格外可愛
5 南瓜雞肉寵物餐，Tila 妞吃得好滿足

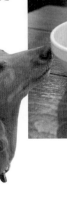

初樂 True Love
複合式寵物餐廳

高雄左營寵物友善餐廳－初樂 True Love，距離高鐵左營站不到十分鐘的車程，小小的溫馨店面，主打複合式寵物餐廳經營，提供義式料理與寵物鮮食，讓飼主與毛小孩都能舒適地享用餐點！老闆對毛小孩很親切，餐廳環境也很乾淨，沒有異味唷！

可愛毛店長－棉花面犬波波

初樂的毛店長是棉花面犬有點像是瑪爾濟斯唷～狗狗來到初樂都可以落地，地板更是使用防滑防抓的地板，從小細節就能看出店家為毛小孩著想的心，附近停車也算是很方便唷！

每人基本低消 100 元，餐點選擇很多！

菜單上義大利飯麵都是套餐價唷！已經有包含濃湯、麵包和餐後甜點，價格非常划算。我點的青醬筆管麵一送上來，就聞到濃郁的青醬味！超香～～也很好吃！看來

店家有在青醬下功夫唷！ 軟嫩雞肉與鮮甜洋蔥，筆管麵上滿滿沾附著青醬，每一口都覺得好幸福啊！

初樂是使用紙吸管，很環保唷！而因為是紙吸管，若飲料太久沒喝完，吸管多少都會變得軟軟的，但還好～不會影響飲用唷！

波波幸福套餐（牛肉馬鈴薯口味），其實就是寵物餐再加上一顆蛋，有牛絞肉與馬鈴薯還有花椰菜，還附上毛小孩專用的餐碗和湯匙，可以一口一口慢慢餵，Tila 吃得乾乾淨淨！

座位下方都會有插頭，另外也有牽繩專用的掛鉤，可以將毛小孩的牽繩繫上，讓毛孩安穩地待在自己的座位附近。

初樂 True Love
📍 高雄市左營區孟子路 174 巷 6 號
📞 (07)345 1943
💻 https://www.facebook.com/truelovedog/

1 看到這麼多毛小孩開心來玩的表情，就覺得初
  樂是個好地方啊
2 店內空間
3 菜單
4 Tila 終於成功與波波拍到一張合照
5 正在用空氣零食哄騙波波拍照

東臺灣

寵物友善空間

宜蘭縣
花蓮縣
臺東縣

奇異鳥咖啡 Le KIWI café
落地窗景望綠意滿滿的宜蘭運動公園

　　宜蘭寵物友善餐廳—奇異鳥咖啡 Le KIWI Café，獨棟黃白建築佇立在田野中，前廊擁有綠茵草地，落地窗景望出去就是偌大的宜蘭運動公園。

　　奇異鳥內毛小孩可落地，也沒有限制不能上沙發或椅子的規定，但記得遵守毛小孩不能上餐桌、與人共用餐具的寵物友善餐廳公約，一起為毛小孩創造更多寵物友善空間的可能唷！

毛小孩專屬零食點心

　　選定座位後，服務生會送上毛小孩的零食和水碗。滿滿一碗的零食，有肉條、牛肉塊、豬耳朵等等，整個很貼心啊！

　　店內餐食的部分，有提供披薩、義大利麵與燉飯，更有現做蛋糕、美味法式甜點，都是來奇異鳥不可錯過的選擇。

　　我點的清炒香蒜透抽義大利麵套餐，濃濃蒜香與新鮮透抽，濃郁的海味令人不禁食指大動！透抽總共有兩尾，處理得恰到好處，鮮甜軟嫩。套餐的濃湯和麵包都有感受到奇異鳥對餐飲的用心，連沙拉醬汁都很特別呢！

　　來到奇異鳥必點維多利亞鮮奶油雙層磅蛋糕，有原味、巧克力、抹茶三選擇。紮實的磅蛋糕，搭配當季水果，整體滋味輕盈，還帶著鮮奶油的香醇。

　　這是一個對毛小孩超級親善的寵物友善空間，擁有明亮落地玻璃窗景與美味餐點，也會定期捐款給愛護動物協會，難怪一到這裡，我馬上就被圈粉了，店內還有許多扭蛋機與兒童讀物，也適合帶小朋友來唷！

　　用餐後建議可以到對面的宜蘭運動公園跑跑，容我再次嘮叨，毛小孩若有便便，請務必清理，以維護環境整潔唷！

1 獨棟建築
2 內部一隅

奇異鳥咖啡 Le KIWI Café

📍 宜蘭縣宜蘭市公園路 99 號

📞 (03)925 3348

🖥 https://www.facebook.com/ 奇異鳥咖啡 -Le-KIWI-Café-531667963674646/

1 高腳椅座位區的風景也很好
2 落地窗望出去就是宜蘭運動公園，盛開的粉
　色羊蹄甲點綴了整條道路
3 都想吃
4 戶外草地區
5 宜蘭運動公園

147

芭樂狗 Mr.Balagov Ukrainian Cafe
三合院內傳統烏克蘭料理

　　宜蘭一日遊也可充滿異國風情、享用東歐料理！宜蘭市區的芭樂狗提供傳統烏克蘭料理也是寵物友善餐廳！由來自烏克蘭 Balagov 掌廚，在臺灣傳統農村平房內，飄出陣陣烤肉香氣。

　　芭樂狗位於宜蘭臺灣戲劇館對面的竹林中，從路口彎進去，就會看見芭樂狗的外圍籬，餐廳旁邊就是大片停車場，非常方便遊客停車用餐。

　　芭樂狗的取名其實就是老闆名字 Balagov 的音譯，Balagov 為愛來到臺灣，和臺籍愛妻 Sunny 一同經營芭樂狗，做自己想做的事，也分享家鄉記憶味道中的烏克蘭料理。

烏克蘭傳統料理

　　在紅磚屋瓦矮平房與竹林的環繞下，Balagov 運用烏克蘭特有香料，將家鄉料理變化成為客人餐桌上的佳餚，更有寵物餐可以讓毛小孩飽餐一頓唷！

　　芭樂狗的烏克蘭傳統烤肉，豬肉醃漬超級嫩，特殊的香氣也好迷人！餐盤上紅通通的沾醬看似重口味，沒想到搭

配起來卻很清爽，不會辣不死鹹，每一塊烤肉都想搭配著吃！

　　冰克瓦斯是烏克蘭傳統飲料，使用黑麥麵包發酵製作而成，如黑麥汁般些微氣泡感，比起黑麥汁又多了一種酸香味，酒精含量極低，開車也可以飲用唷！

芭樂狗精心調製寵物餐

　　跟一般餐廳相比算中高價，但肉肉量很實在唷！土雞胸肉 200g 搭配當季新鮮蔬果，採水煮烹調不加調味和辛香料，且針對不同狗狗需求，還添加了美國 WDJ 推薦的犬貓營養補充品。

　　臺灣少數的烏克蘭料理在宜蘭芭樂狗就能嚐到，下回和毛小孩來到宜蘭，不妨選擇到芭樂狗飽餐一頓，感受東歐風情呦！

1 圍籬與店招牌　2 傳統的農村老屋

芭樂狗 Mr.Balagov Ukrainian Cafe
📍 宜蘭縣宜蘭市復興路 2 段 168 之 1 號
📞 (03)935 1655
💻 https://www.facebook.com/
　　MrBalagovCafePlace/

1 餐廳簡介
2 送上菜單的同時，也有這份寵物友善規約，
　詳閱後請簽名
3 有東歐、烏克蘭的小物妝點於牆面
4 窗外就是竹林
5 富有東歐風情的壁爐

1 心臟壯壯餐，有花椰菜、雞肉、紅蘿蔔、馬鈴薯等組合　2 Balagov 正在戶外料理烤肉

DOG SPACE– 寵物空間
溫馨滿滿的寵物友善空間！

DOG SPACE 寵物空間位於熱鬧的宜蘭礁溪，結合寵物美容、安親住宿服務，一樓是開放式咖啡廳，可以帶毛小孩一起來享受悠閒午後/餐後時光，有單品手沖咖啡、各式茶飲，也有每日限量的蛋糕或不定時的手工餅乾！

如果想要喝單品手沖咖啡，直接到吧檯聽聽老闆的建議吧！想要偏酸、偏苦？熱情的老闆都能分享介紹，也能順便長些咖啡知識。

DOG SPACE 寵物空間有多樣的寵物餐選擇，毛小孩想要吃牛、雞、鮭魚、豬，這裡通通有，寵物餐沒有寫在黑板上，但只要你開口，老闆都會報你知唷！

毛小孩在 DOG SPACE 寵物空間都能很自在的落地走動，想上沙發也可以。整個空間不會有異味，很乾淨也無毛髮塵，每天的打掃工作一定都很用心啊！老闆說這是引進日本寵物沙龍的理念，將空間打造得舒適宜人，真的是很優質的寵物美容空間。

DOG SPACE 毛小孩餐與零食

毛小孩寵物餐，有牛、雞、鮭魚、肩頸肉等選擇，100 元起跳，食材等級高，像是牛肉寵物餐，便是按照五行的概念，通常有五個顏色（含肉）各 50 克，若有狗狗肉太少不吃，就會調整為肉 150 克，蔬菜再分別搭配，通常是 10 公斤狗狗一餐的量，只是蔬菜搭配總類不同，所以克數就會改變唷！

DOG SPACE 烘的丁香魚超級香，人寵都可以吃唷！以五公斤的毛小孩來論，其實一天一隻丁香魚，鈣質量就很充足囉！

來到 DOG SPACE，邊等毛小孩洗澡的同時，邊喝杯咖啡，有什麼狗狗日常生活的疑難雜症也可以跟老闆請教寵物經，把緊繃的心卸下，來這裡好好放鬆喝咖啡，讓毛小孩悠哉地享受牠的大餐吧！

大門口

DOG SPACE - 寵物空間
- 宜蘭縣礁溪鄉復興街 41 號
- (03)988 5210
- 建議可以將車子停在附近的停車場，然後再走過去，蠻近的唷
- https://www.facebook.com/www.dogspace.com.tw/

1 舒適的沙發
2 一起放鬆舒適地窩著
3 手沖單品咖啡
4 店內空間
5 黑板上手寫著提供的飲品

微笑海龜咖啡館
美式工業風格咖啡廳

宜蘭羅東早午餐咖啡廳—微笑海龜咖啡館！雖然不是專門的寵物餐廳，但是歡迎乖巧聽話的毛小孩唷！提供早午餐輕食、酥炸點心、鬆餅與蛋糕，以及手沖咖啡與現搖飲品等豐富選擇。

微笑海龜咖啡館就在羅東高中附近，海龜 logo 的店標加上亮黃色的貨櫃大門格外有意思，以美式工業風格為主軸，是時下很受歡迎的咖啡廳主題氛圍。

九點就開始營業的微笑海龜咖啡館，早午餐供應時間是上午九點至下午兩點！早午餐有可頌堡、焗烤軟法、歐式雜糧堡與漢堡等選擇，套餐則包含時蔬沙拉、薯條、季節水果。

午茶點心推薦比利時烈日鬆餅，尤其大推搭配的手工自製果醬（肉桂蘋果），外層酥脆，然後再加上進口珍珠糖與肉桂蘋果的香甜，這鬆餅吃起來太幸福啦！跟熱美式超搭。酥炸點心則是全天供應，除了咖啡、茶飲外也有啤酒唷！

毛小孩可以落地，要乖乖待在主人身邊唷

微笑海龜在公約上有註明無法接受會在店裡亂大小便或是瘋狂亂叫的毛孩子，這點我想是最基本的，相信每個毛孩子來用餐時都會很乖巧。

可愛的萌萌是黑四目臘腸，年紀輕輕的萌萌，整個活力旺盛，看到人就會想玩，但平常都乖乖地待在吧檯內下方，你沒特別留意還不會發現海龜原來內有一隻萌犬呢！

1 貨櫃屋大門
2 吧檯

微笑海龜咖啡館
- 宜蘭縣羅東鎮公正路 395 號
- (03)961 1559
- www.facebook.com/smileseaturtle/

1 不收服務費，開水、紙巾、餐具都可自取
2 微笑海龜用餐區
3 總能看見海龜的身影
4 也提供多款手沖單品或特調飲品
5 美式牛肉漢堡，漢堡內有花生醬，鹹甜滋味很
　合拍

依比鴨鴨水岸會館

擁有主題套房與泡湯池的度假會館

位於花蓮的依比鴨鴨水岸會館，充滿鄉村風格且洋溢著繽紛童趣，適合在會館裡面放鬆休息……享受蟲鳴鳥叫的愜意！

錯過曾經很流行的黃色小鴨展嗎？沒關係，你可以來依比鴨鴨水岸會館！大庭院的雙心池，裡面就有三隻鴨鴨唷！最大的黃色小鴨超可愛的～它會隨風轉動，可以看到 360 度的黃色小鴨耶！

依比鴨鴨貼心用餐服務

走進依比鴨鴨的大門，首先會見到很大又寬敞的客廳，而用餐區也在這邊，依比鴨鴨水岸會館提供一泊二食的服務，除了可以選擇早餐，還能選擇精緻下午茶或晚餐，完全依照自己旅遊計畫來選定，超貼心的！建議可以先走走花蓮的景點之後，再回到民宿享用晚餐喔！

民宿主人本身也很愛毛小孩，有養貓咪和狗狗！依比鴨鴨會館內有小動物園區和有機果菜園區，早餐的雞蛋和有機蔬果就是來自園區生產的唷！是不是很健康呢？

依比鴨鴨主題房型

看到房內的壁畫就會覺得心情好好，是百變造型的鴨鴨呢！鴨鴨扮老虎或偽裝成是大象……好多可愛的造型，都是民宿主人自己手繪的唷！每個房型都有不同的特色，是適合親子旅遊、寵物旅遊、情侶旅遊的好地方！

依比鴨鴨水岸會館
- 花蓮縣瑞穗鄉七賢路 50 號
- 0932 653 235
- http://ibiyaya.bnbhl.net/index.htm

1-2 依比鴨鴨四人房
3-4 各種房型
5 有些房型還有戶外露天泡湯池

157

1 豐盛晚餐
2 營養滿分早餐
3 寬廣的草地很適合跑跑
4 整個會館很大，享用完早餐逛逛後
　再繼續你的旅程吧
5 彩繪杯杯也有販售！能把小鴨帶回
　家唷

1 大型黃色鴨鴨　2 可愛的扭扭！不怕生的貓咪
3 和丫比一起玩耍，丫比現在已經長很大囉

193 咖啡館

幸運的話，可以看見 193 養的貓咪唷！

臺東市區的寵物友善咖啡廳—193咖啡館！位於寧靜住宅區的一角，一入內就感受到溫馨的氣氛，也有戶外小庭院唷！

店家養了很多貓咪，但想看到貓咪完全憑運氣啊！因為貓咪都會躲起來，要遇見貓咪不是件很容易的事情，如果你想要看到貓咪，可以問問老闆，他會告訴你那些時間比較有可能遇見！

喜歡193咖啡館的其中一點是它營業時間很早，上午九點就開門了，如果你入住的民宿旅館未供應早餐，就很適合帶毛小孩一起來193咖啡享用早餐唷！

在這裡每個人的低消是一杯飲品唷！也因為是在住宅區的關係，在這邊音量儘量減低，尊重居民也友善店家。

友善寵物的貼心供水

老闆看到有帶毛小孩一起來，馬上詢問是否需要提供水碗，帶狗狗出去玩，記得都要適時補充水分唷！

目前193咖啡沒有寵物餐點，我們去的時候正好店家在備餐，有切邊的雜糧麵包，就提供毛小孩解解饞，老闆好貼心啊！店家真的對毛小孩很友善。

二樓的空間桌數不少，桌距不是很大，是一間很溫馨的小空間！用餐之餘，還可以翻翻客人的留言本，總會有些特別的話語，很有趣～是大家來到193留下的紀錄。店內也有販賣一些餐碗還有可愛的貓咪明信片，也有書籍讓客人們閱讀。購買明信片也有寄送的服務，寫一段話寄給未來的自己吧！別忘了蓋上193咖啡的印章唷！

193 咖啡館

📍 臺東縣臺東市洛陽街 193 號
📞 (08)933 0193
💻 https://zh-tw.facebook.com/193cafe

1 用餐小提醒
2 店內空間
3 順著旋轉樓梯上樓吧
4-5 店內空間

1 有提供水碗
2 濃縮咖啡淋在香草冰淇淋上！「阿法奇朵」來自義大利文「Affogato」的音譯，有淹過、覆過的意思
3 招牌水果茶，裡面有豐富的水果料

1 與貓咪合影

2 戶外庭院區

3 一起坐

4 貓咪明信片

5 紀念章

深黑義餐酒館
老糖廠內的美食饗宴

到位於臺東糖廠文創園區內的深黑義餐酒館，可以帶狗狗一起品味大餐唷！糖廠工業建築化身為餐酒館，結合老糖廠的環境，將食材、創意、融合一起！白天的時候也是可以來這邊逛逛糖廠文化園，到對面糖廠吃吃冰。

特調飲品與餐點

就算不能喝酒也能在這喝到特別的無酒精特調，還有排餐、義大利麵等選擇！個人大推成人的午後鮮奶茶，可以做成無酒精的～好喝！店員說沒有用茶，但喝起來卻是有茶味呢！奶茶味道純厚且特別！而且不會太甜～可以喝酒的人也能請深黑幫你做成有酒精的唷！

辣茄鮮蝦義大利麵～是真的會辣的唷！裡面也放入不少蔬菜，是比較重口味的料理。

我們點了蔗香果木烤半雞，半雞擺盤後用果木煙燻後蓋上透明玻璃蓋～送到客人面前，將蓋子打開的瞬間，煙霧飄出，同時也能聞到果木的香氣呢！

餐廳內如果狗狗乖乖的也能落地喔！ 如果想要吃大餐～又希望能帶著毛小孩！在臺東，深黑餐酒館也算是不錯的選擇。

看深黑的粉絲頁上有評論回饋說「能為毛孩特製餐點」，如果有興趣的讀者可以主動詢問看看唷！

1 工廠改建的餐酒館
2 夜晚特別有情調呢

深黑義餐酒館

⚲ 臺東縣臺東市中興路二段 191 號
📞 (08)922 0918
💻 https://www.facebook.com/DARK.BISTRO/

1-2 店內空間
3 半開放式廚房
4 成人的午後鮮奶茶
5 一起吃大餐

幸福旅行．舍
在幸福裡醒來

美麗的臺東後花園圍繞著好山好水，就帶寵物去臺東旅行吧！來幸福旅行．舍住宿一晚，溫馨民宿空間與歐式風格的童話屋建築，整體氛圍讓人感到放鬆又愜意！

民宿主人的熱情

幸福旅行．舍的每個房型名稱都是用臺東特產或地名去取的，如果想知道臺東哪邊好玩？有哪些祕境景點，民宿的小老闆會很樂意推薦唷！

幸福旅行．舍的毛小孩

民宿小老闆在練跑時，這隻小黑犬就跟著他一路跑回民宿，也就這樣收養下來，並取名為半馬，想想半馬還真會選主人，來到幸福旅行．舍，有大草地每天跑跑，吃飽飽睡飽飽！當有客人帶寵物入住時，半馬還來當領賓員呢！

戶外的大草皮

這裡有能讓毛小孩開心奔跑的草地，還有庭院造景小水池，裡面有養魚唷！半馬有時候調皮還會跑去水池裡。

「飛魚」寵物友善小木屋

房內很乾淨，也無異味，赤腳走在地上也不會覺得沙沙，民宿老闆娘很愛乾淨呢！都打掃的很舒適。浴室是使用木頭拼接地板，踩在上頭不怕滑，衛浴備品很齊全，洗澡時水壓也很穩定！

民宿主人的自製早餐

來到大廳享用民宿老闆的手工早餐，每天依據食材都會有不同的變化，老闆娘平常就吃得很健康，所以提供給旅客的食材也很用心！

毛小孩進到大廳，用手抱著或放在椅子上都可以，不要落地就可以囉！也能放在自己的推車或者是寵物袋籃中。

在幸福旅行．舍住一晚，享受美味餐點，帶著小老闆的臺東私房景點，開始屬於你與毛孩的臺東之旅吧！

幸福旅行．舍
📍 臺東縣卑南鄉太平路 630 巷 45 弄 12 號
📞 (08) 938 3555
進房時間為下午 15:00、退房時間為上午 11:00
（狗狗入住加收清潔費 500 元）
💻 http://happinessbnb.so-ez.com.tw/

1 我喜歡這個位子，可以望窗外看看庭院，那一簾幽夢，爬藤植物營造出來的綠廊，細長紅褐色氣根，更加詩情畫意

2 獨棟小木屋，兩側分別是兩間房

3 房間採光良好

4 舒適的衛浴空間

5 寵物友善小木屋「飛魚」

6、7 房間寬敞明亮

1 來到大廳享用
民宿準備的午
茶，是隨時節
變化的飲品與
點心
2 連毛小孩也有
小點心唷
3 一起享用早餐

鹿鳴溫泉酒店
帶毛小孩入住五星級飯店

鹿鳴溫泉酒店位於臺東縣鹿野鄉，每年臺東鹿野高台熱氣球嘉年華時總是特別熱門，因為離鹿野高台只需十分鐘車程喲！毛小孩能與主人一起入住，鹿鳴溫泉酒店並提供寵物用水盆、保潔墊及潔牙骨等寵物用品。

如果是搭乘火車前往的旅客，鹿鳴也有代訂火車票的服務與免費接駁車。

鹿苑物高級雙人房

寵物專屬 Villa 房型位於一樓，且與一般客人的住房區相區隔，寵物溫泉套房總共八間，皆為雙人房型（目前沒有提供四人房），彼此獨立，毛小孩活動起來也更加自在。

具有峇里島南洋風情的 Villa 雙人房型，超大的庭院內有觀音石舖設而成的景觀浴池，聽戶外蟲鳴鳥叫，也有半露天泡湯的愜意感，屋頂有遮蓋，所以不用擔心會被樓上房客瞧見。

帶毛小孩不方便去戶外的游泳池，就在室內泡湯吧！而毛小孩也能在庭院中玩耍。

在地食材健康自助餐

鹿鳴 Buffet 自助餐皆以花東在地食材為主，

種類多樣，早上還有用許多蔬菜製成的營養果汁「綠拿鐵」。

毛小孩進餐廳需要放在寵物籠、袋或推車內，會安排在比較後方的用餐區，能看見戶外窗景，也很不錯。

1 迎賓大廳
2 戶外的溫泉游泳池，是弱鹼性碳酸氫納泉！終年溫水，四季都適合冬天游泳、戲水喲

鹿鳴溫泉酒店
- 臺東縣鹿野鄉中華路一段 200 號
- (08) 955 0888
- http://www.lmresort.com.tw/

1 寵物專屬 villa 房
2 加大雙人床，好舒適
3 半露天泡湯池與大庭院
4 泡湯囉
5 園區還有養梅花鹿

都蘭海角咖啡 Dulan Cape Café
東海岸祕境海景咖啡廳

想在臺東欣賞美美的海景與品味美食，第一個想推薦的就是都蘭海角咖啡，景色美，餐點又好吃！

而且咖啡廳所在的區域視野遼闊，有綠地、泳池、海景，還有大草地可以讓毛小孩跑跑，也是寵物友善空間，夏季時很適合去海邊玩水。

都蘭海角咖啡的入口處是加油站旁的產業道路，狹窄道路會車不容易，前往用餐時也是個小挑戰啊！

店內主要以西班牙風味料理為主，我們點的海鮮義大利麵料多美味！還有蘋果派更是風味十足，很推薦給喜愛甜點的螞蟻人！

都蘭海角咖啡是由愛上臺灣的外國人所經營。夏季每天都有安排划獨木舟看日出、帆船、立槳等季節活動！此外都蘭海角咖啡也有民宿，也能租場地露營唷！

1 旁邊就是一個大停車場，停車很方便
2 衝浪板造型的活動看板

季節性現打果汁

都蘭海角咖啡 Dulan Cape Café
📍 臺東縣東河鄉舊部路 47 鄰 10-14 號
📞 0903 262 923
🖥 https://www.facebook.com/
　　capeparadisedulan/

1、2 連毛小孩都愛的無敵海景
3 順著旁邊的小徑可以直通海岸，能去踏踏浪
4 這個海景超好拍！椰子樹下海風輕拂
5 面海游泳池

173

金針山休閒農業區

太麻里！金色耀眼的金針花黃金海～

說到金針花，可不只有花蓮富里的六十石山，臺東太麻里金針山的金針花海也是超美的！

每年8、9月是金針花盛開的季節，就到臺東太麻里金針山賞花吧！大片金針田、黃澄澄的金針花海，真的是季節限定美景！也可以搭乘賞花專車唷！而且從太麻里金針山頂還可以俯瞰太平洋、欣賞臺東海景。

近年來賞金針花已形成一股旅遊熱潮，政府為了提升金針產業附加價值，都會輔導農民且獎勵留花，這樣每到夏天的金針花季，不論是花蓮縣玉里赤科山、富里六十石山或是臺東縣太麻里金針山，遊客們都可以來賞花。

不僅提高針農收益，更能帶動東部地區觀光事業的商機，這樣的方式真的很互惠啊！

太麻里金針山的賞花路線

來到太麻里後，一路沿著路線指標就可能順利抵達金針山，這邊建議不要用導航，看路牌指標就可以了！

沿著台9線進入太麻里市區後轉入金萱路，直行約500公尺左轉續行至盡頭後右轉，約150公尺後左轉進入佳崙產業道路，至日昇台約2.5公里，至金山埡口約15公里，至忘憂谷約17公里。

金針山休閒農業區

📍 臺東縣太麻里鄉大王村18鄰佳崙42之5號
💻 http://efarmer.taitung.gov.tw/zh-tw/Tourism/
AgriculturalArea/5/

國家圖書館出版品預行編目資料

帶毛小孩吃喝玩樂：全臺寵物友善空間70選 /
黃瑋婷文. 攝影. -- 初版. -- 臺北市 :
華成圖書，2019.04
　面；　公分. --（讀旅家系列；R0106）
ISBN 978-986-192-344-4（平裝）

1. 臺灣遊記 2. 寵物飼養 3. 民宿 4. 餐廳

733.6　　　　　　　　　　　108001970

讀旅家系列　　R0106

帶毛小孩吃喝玩樂 全臺寵物友善空間70選

作　　者／黃瑋婷

出版發行／華杏出版機構
　　　　　華成圖書出版股份有限公司
　　　　　www.far-reaching.com.tw
　　　　　11493台北市內湖區洲子街72號5樓（愛丁堡科技中心）
　　戶　　名　　華成圖書出版股份有限公司
　　郵政劃撥　　19590886
　　e - m a i l　　huacheng@email.farseeing.com.tw
　　電　　話　　02-27975050
　　傳　　真　　02-87972007
　　華杏網址　　www.farseeing.com.tw
　　e - m a i l　　adm@email.farseeing.com.tw
　　華成創辦人　　郭麗群
　　發 行 人　　蕭聿雯
　　總 經 理　　蕭紹宏

　　主　　編　　王國華
　　特約編輯　　發言平台創意整合有限公司
　　特約美術設計　吳欣樺
　　美術設計　　陳秋霞
　　印務主任　　何麗英
　　法律顧問　　蕭雄淋

　定　　價／以封底定價為準
出版印刷／2019年4月初版1刷

總 經 銷／知己圖書股份有限公司
　　　　　台中市工業區30路1號　　電話 04-23595819　　傳真 04-23597123

讀者線上回函
您的寶貴意見
華成好書養分